Bestsellers

GIORGIO BOCCA

ITALIANI
STRANA GENTE

ARNOLDO MONDADORI EDITORE

©.1997 Arnoldo Mondadori Editore S.p.A., Milano

I edizione I libri di Giorgio Bocca maggio 1997
I edizione Bestsellers Oscar Mondadori luglio 1998

ISBN 88-04-44926-8

Questo volume è stato stampato
presso Arnoldo Mondadori Editore S.p.A.
Stabilimento Nuova Stampa - Cles (TN)
Stampato in Italia - Printed in Italy

Il nostro indirizzo Internet è:
http://www.mondadori.com/libri

Indice

Italiani strana gente

I

Vivere senza capire

Chiedete a un italiano come vive. La maggioranza non vi dirà vivo bene o vivo male, vi dirà: vivo con ansia e fatica. Vi dirà che svegliandosi al mattino prova come un senso di vuoto per le cose che non capisce, per le molte cose su cui si sente impotente: l'italiano medio, uno dei due terzi di italiani che economicamente non sono mai stati bene come ora, i milioni di italiani che nel lungo ponte fra il 25 aprile e il 1° maggio 1997, anno di crisi a sentir loro, hanno lasciato deserte le città come nei giorni di ferragosto, famiglie che possono spendere per un lungo ponte dal mezzo milione al milione, ricche di consumi, povere di sicurezze.

Il rapporto tra questo italiano e lo stato è cambiato per spinte e condizionamenti in gran parte esterni, come la mondializzazione del mercato, la rivoluzione tecnologica, la fine della guerra fredda e del potere consolare, il ritorno degli integralismi religiosi, l'Europa delle finanze e delle regole. Mutamenti macroscopici che conosce benissimo, ma che stenta a capire nei loro effetti, stenta a capire in che misura hanno cambiato la sua vita quotidiana, i suoi valori. L'uomo che non capisce è infelice, per l'*Homo sapiens* non capire è il più invadente e avvilente dei malesseri, per lui questo è un paese anormale, è un paese in cui deve imparare a vivere senza capire.

Primo forte segno di questa schizofrenia: l'indifferenza verso le insidie secessioniste o localiste, l'idea diffusa che non sono queste le cose che contano. Il tribuno Bossi minaccia di portare milioni di persone lungo le rive del fiume sacro, il Po, promette rivoluzioni, pretende di far valere i voleri di una minoranza ubriaca di sogni autonomisti, imitato e sopravanzato da quelli della «Serenissima Repubblica veneta», e gli italiani del benessere non sembrano turbati, hanno l'aria di pensare: ma sì, facciano pure, che tutto poi continua come prima.

Le grandi mutazioni esterne tornano all'italiano medio con il sentimento che la patria non è più essenziale, che la politica italiana non è più decisiva, che leghe o non leghe, Rifondazione comunista o nostalgie di postfascisti, altre sono le cose decisive e obbligatorie: resistere alla concorrenza spietata del mercato globale, alle novità tecnologiche, alla corsa senza fine e senza regole del capitalismo anarcoide. Spesso si ha l'impressione che anche gli artefici dei movimenti localisti si rendano conto che essi, per sovversivi che siano, restano un gioco, forse è per questo che si travestono, si truccano, arrivano con carri armati di cartone in piazza San Marco.

L'italiano ha con lo stato, con la patria, un rapporto che rimane di radicamento, di amore, di una lingua insostituibile, ma sa, sente, che può vivere anche con meno stato. I telefonini portatili stanno uscendo dalla gestione pubblica: in parte sono già privati, in parte prossimi ad esserlo. Se le poste statali scioperano, ci sono i pony, i corrieri, le agenzie, i fax che funzionano egualmente. Se sciopera la compagnia aerea di bandiera, l'Alitalia, ci sono le compagnie private ed estere.

L'italiano medio sa che la nostra ricerca tecnologica è modesta, che dipendiamo da quella mondiale, ma sa pure che nel mercato globale la tecnologia di avanguardia deve essere venduta a prezzi competitivi, che non può più essere un privilegio di pochi, deve tradursi in consumi di massa. Il cosiddetto miracolo del Nordest è questo: che anche l'ultimo arrivato nell'artigianato e nella produzione può disporre di tecnologie avanzate e avanzatissime e trarne la sensazione illusoria di aver costituito uno dei poli guida dell'economia.

L'italiano sa che le nazioni avanzate si trovano di fronte all'immigrazione in una situazione indefinita, in un processo *in fieri*, sa di essere il paese che fa meno figli fra i paesi ricchi, e sa di non voler più lavare i piatti, spazzare le strade, lavorare agli altiforni, raccogliere i pomodori e le olive, prostituirsi per poche lire, fare la cameriera, guardare i bambini altrui. Vorrebbe fermarsi, blindarsi, chiudersi all'assedio dei poveri, ma non può, preso fra i contrastanti desideri cerca di rallentare, di integrare, ma non è sicuro, anzi per niente sicuro, di come andranno a finire le cose.

L'italiano medio anarcoide è disponibile alla pratica del giorno per giorno, si è però reso conto che l'Europa ha nella sua vita un'importanza crescente, che questa autorità della quale sa poco o niente esiste e dà le multe ai nostri produttori di latte, richiama il nostro governo a rispettare i parametri di Maastricht, e si accorge che gran parte delle nostre regole «adeguate» a quelle europee sono regole a cui noi non saremmo mai arrivati in così pochi anni: ristoranti, bar, panifici, ospedali, fabbriche hanno dovuto obbedire all'Europa anche con sacrifici economici pesanti.

L'affermarsi di un potere sovrannazionale, mentre aumentano i focolai e le predicazioni di localismo, confonde l'italiano medio; l'idea che si vada in Europa non attraverso lo stato, che è il solo interlocutore accettabile, ma attraverso degli improbabili staterelli, non lo spaventa ma lo disturba. L'italiano medio ha seguito la caduta del muro di Berlino con grande sollievo, e ci ha visto sostanzialmente un annuncio di pace e di distensione: finito l'equilibrio del terrore, finita la minaccia dell'Unione Sovietica «regno del male», finite le grandi ideologie radicali e liberticide. Ciò che l'italiano non capisce, o stenta a capire, è che la caduta del muro di Berlino, cambiando la politica delle potenze imperiali e delle loro zone di influenza, ha cambiato anche quella dei loro satelliti, gli ha ridato autonomia, un minimo di politica estera. Negli ultimi tempi, con molta fatica, l'italiano ha capito che l'autonomia e la politica estera hanno il loro prezzo, che non si può fingere di essere ciò che non si è, per esempio una potenza militare. Abbiamo dovuto constatare che la nostra marina è sorpassata, impreparata, che al primo intervento autonomo ha mandato a picco una nave di immigrati e arenato la sua maggiore unità, abbiamo constatato che il nostro servizio di guardia alle coste è inadeguato, che il nostro apparato antiterrorismo fa acqua da tutte le parti, chi vuole può mettere una bomba nel centro di Milano e arrivare fino in piazza San Marco con armi e viveri di conforto.

I compiti, i doveri e le spese inerenti all'autonomia sono aumentati e chi ci governa non sa cosa scegliere, non sa dove trovare i soldi per tutte le nuove richieste. E non sapendolo, i nostri politici, come capita agli infanti, sono tornati al periodo del no, di fronte a qualsiasi scelta dicono no, il loro modo di mediare consiste in questo: o accetti tutto ciò che voglio io o non tratto. Che poi è il modo per non scegliere mai, per non assumersi mai la responsabilità di decidere in questo mondo così mutevole e complesso.

L'uomo è conservatore. Rivoluzionario in gioventù, quando il cambiamento significa scorciatoie per farsi largo fra gli anziani, diventa prudente in età matura. Nulla di più conservatrice della saggezza degli antichi: Platone considerava un errore grave i gusti mutevoli della gioventù, il cambiar continuo degli abiti, dei canti, delle danze. Il culto delle tradizioni, dei luoghi comuni, delle superstizioni e delle credenze popolari è sempre stato un cemento sociale e ai vecchi, ai saggi, è sempre stata affidata questa continuità, questo forte legame che attraversava i tempi anche a costo di rallentare l'adeguamento al nuovo. Nella mutazione attuale, però, nei suoi ritmi stretti e strettissimi, non è più possibile una marcia lenta, ogni generazione non solo deve affrontare nuovi costumi, nuovi abiti, nuovi suoni, ma anche cose fondamentali come la scrittura, il calcolo, l'informazione, la memoria.

Le nuove tecniche informatiche non cambiano il pensiero, la filosofia, il carattere, ma sezionano la società in modo orizzontale, per generazioni. Nulla di irreparabile, ma un altro senso di fatica, di disturbo. E poiché le nuove tecnologie sono moltiplicatrici e il loro consumo è di massa, entra in crisi pure la gerarchia: masse sterminate possono fingere, grazie alle nuove tecnologie, di essere quel che non sono, la simulazione dell'intelligenza e della fantasia diventa generale e non è facile vivere in un mondo dove gli ignoranti si camuffano da intelligenti usando macchine intelligenti.

Chi sa di storia sa che in tutti i tempi ogni società ha creduto di essere arrivata sull'orlo del baratro, dell'apocalisse. Il mito di Atlantide, la civiltà scomparsa, è sempre stato presente nella coscienza dei popoli come un freno agli orgogli e alle certezze. Ma oggi questo sentimento della fine del mondo, quest'attesa del giorno del giudizio sta riempiendosi di cose morte, già morte: il grande mondo è limitato, non c'è più nulla da esplorare e da scoprire, interi continenti come l'Africa sono in stato di putrefazione, il pianeta è pieno, l'aumento della popolazione si conta a miliardi e con tutto il progresso tecnologico i morti di fame non sono stati mai tanti come adesso. L'inquinamento, l'avvelenamento, le mutazioni meteorologiche sono sotto gli occhi di tutti e le famose reazioni della ragione, le autodiscipline, le correzioni, arrivano in ritardo o non arrivano, la mancanza di regole del capitalismo anarcoide procede come un rullo compressore.

L'autorità intesa come saggezza, come guida, come prudenza sembra scomparsa da questo mondo. Le autorità parlano senza sapere di cosa parlano, di come sarà eseguito, degli effetti che avrà nel tempo. È una corsa parallela fra la salute e la malattia, fra la ricchezza e la povertà, fra la giustizia e l'ingiustizia, fra la sopravvivenza e l'autodistruzione, e nessuno riesce a capire chi sarà ad avere il sopravvento. Per queste acque naviga il paese anormale, che come il calabrone non dovrebbe volare eppure vola.

II
Il popolo sovrano

Comunisti e democristiani, Unione Sovietica stalinista e Stati Uniti capitalisti come opposti patroni, socialismo centralista e chiesa, una sezione per ogni parrocchia. Cosa di più distante, di più inconciliabile? E quale è la storia vera, quella che allora ci pareva un'inimicizia totale o quella che oggi ci ritorna come un comune denominatore italiano: convivere nel contrasto e usare il contrasto per convivere? Giocava a favore di questa convivenza una medesima concezione del potere e della politica: clericale, verticistica e dogmatica. Il contrasto non era inesistente, fra l'utopia comunista e la fede cattolica c'era una forte diversità, c'era anche una differenza mitologica, la classe operaia classe provvidenziale, il militante duro e puro, differenza che poteva apparire antropologica, l'uomo comunista diverso da quello cattolico. E la fazione pro sovietica era veramente nemica della fazione pro americana, ma in comune c'era il potere come valore sommo, c'era la millenaria tradizione trasformista che piegava le passioni ideologiche o religiose alle necessità della guerra fredda, ne faceva un gioco delle parti che assicurava ai vasi di coccio della politica italiana di sopravvivere fra i vasi di ferro della politica imperiale degli americani e dei russi[i].

L'Italia rossa e l'Italia bianca ricordavano poi molto bene la lezione di una storia recente, gli errori opposti del massimalismo rosso e del clerico-fascismo, e non volevano ripeterli. Ci fu fra i due partiti di massa una spartizione degli elettori, alla DC i coltivatori diretti, al PCI i mezzadri, alla DC la borghesia moderata, al PCI la classe operaia, con un patto non scritto ma di ferro: la DC non avrebbe mai messo fuori legge i comunisti, i quali non avrebbero mai fatto la rivoluzione. I nostri due partiti di massa hanno gridato, esaltato, in parte credendoci, utopie sovversive e integralismi, ma sempre perseguito il compromesso. Sentimentalmente erano per la rivoluzione e per lo stato della chiesa ma, a ragion veduta, per mantenere il lungo armistizio, per conservare un esistente peggiore delle «città future», migliore però di quelle passate.

Certo, entrambi non volevano più aprire le porte al «terzo incomodo» fascista. I comunisti avevano capito durante il soggiorno nell'Unione Sovietica che «quando l'uomo si prova a creare il paradiso in terra il risultato immediato è un molto rispettabile inferno». I democristiani pensavano che in attesa dell'aldilà, paradisiaco ma non verificabile, era meglio stare al governo. La meta di entrambi, dietro l'Internazionale e le processioni, era una condivisione del potere con la benedizione e la garanzia del papa. Una delle prime cose che Palmiro Togliatti fece, rientrato a Roma, fu cercare un contatto con don De Luca, vicino al Sant'Uffizio. L'ideale era quello di Ignazio Silone: «Fare del Fucino un soviet con presidente Gesù Cristo».

Ma il comune denominatore decisivo era un altro: per entrambi i partiti la politica non coincideva con la morale, e quanto più nella propaganda si presentavano come campioni di morale, tanto più nella prassi la ignoravano e quasi disprezzavano. Entrambi in politica hanno mentito, sono ricorsi a finanziamenti illeciti, hanno conculcato le libertà, coltivato le rispettive storie sacre, tanto più sacre quanto più menzognere. I democristiani rimandavano il giudizio morale all'aldilà, i comunisti a una società futura, dove la morale si sarebbe automaticamente affermata grazie alla scomparsa della lotta di classe: vale a dire che nessuno dei due si preoccupava della morale nel presente della politica.

Essendo entrambi partiti popolari e italiani, entrambi sono «andati verso il popolo», ne hanno cercato il consenso, gli hanno procurato consolazioni e promozioni. I comunisti, in particolare, la promozione culturale, una necessità per le chiese religiose o laiche che hanno bisogno della pentecoste, della scrittura e della lettura, della dottrina e dei catechismi. Quando Berlinguer capì che una sinistra senza morale era poco diversa dalla destra e propose l'austerità, i compagni non dettero peso alle sue parole, nelle riunioni di base fu preso garbatamente in giro per quella sua «filosofia del tirare la cinghia». La morale laica dei giacobini e degli azionisti è sempre stata considerata dai due partiti popolari, di massa, un veleno illuminista o una stranezza da sognatori.

Ora, dopo mezzo secolo, gli eredi del PCI e la sinistra aggregata sono arrivati al governo, con effetti solo in apparenza paradossali: la destra, a parole, è il partito delle riforme, del libero mercato, che vuole spazzar via le bardature assistenziali e ridare flessibilità all'industria, mentre la sinistra è diventata conservatrice, schierata a difesa dello stato sociale e delle corporazioni sindacali forti. Restano differenze sentimentali, di stile, di gesti che sovrapponendosi alla pratica creano una gran confusione. Ma anche stavolta siamo di fronte a un gioco delle parti, il fine comune è di proteggere chi produce e di trascurare chi consuma. Il cittadino consumatore di beni e servizi pubblici è trascurabile, per lui vanno bene uffici scomodi e disorganizzati: c'è voluto più di un secolo perché alcuni uffici abolissero le code in piedi dotandosi di sale d'attesa e numeri di prenotazione.

Gli scempi edilizi, le devastazioni urbane, l'avvelenamento del territorio sono avvenuti con l'appoggio tacito o esplicito di una sinistra che rinfoderava le armi appena era in gioco l'occupazione. È stata dalla parte dei ferrovieri, dei postelegrafonici, dei metalmeccanici, mai da quella di chi viaggia, spedisce lettere, telefona, compera automobili. I lavoratori della produzione, gli operai, non avevano vita facile, ma da entrambi – comunisti e democristiani – erano riconosciuti come la parte nobile, mentre i consumatori restavano un sottordine. La cementificazione del territorio, il suo inquinamento, il labirinto urbano sono identici nelle province bianche e in quelle rosse perché producevano occupazione. Come ai tempi dell'imperatore Vespasiano, che a chi gli rimproverava le spese per lavori inutili rispondeva: «Devo pur far vivere i poveri di Roma». La storia si ripete: per dare un contentino al super sinistro Bertinotti il governo Prodi ha deciso di creare centomila posti di non lavoro, senza avvenire e persino assistenziali.

Né i democristiani né il Partito comunista si sono seriamente occupati di economia. I primi erano stati educati nel migliore dei casi al solidarismo predicato dalla chiesa, quasi incomprensibile nella modernità; i secondi si erano formati nel regime stalinista, dove uno che sapesse di economia correva rischi mortali. Per decenni il partito di Gramsci e di Togliatti ha creduto nell'egemonia della cultura, ma censurando gli storici, corrompendo i letterati e ignorando gli economisti. E culturalmente era il meglio in Italia, i libri nelle case dei dirigenti democristiani erano merce rara, le letterature straniere quasi sconosciute. Nelle sezioni e nelle case della sinistra si conoscevano le letterature italiana e straniere, ma i testi della modernità erano ignorati. Il primo ad accorgersene è stato Bettino Craxi, purtroppo scambiando la modernità con l'appropriazione indebita.

Arrivata al governo, la sinistra si è vista precipitare addosso una montagna di difficoltà: difendere l'esistente ma accettare l'innovazione, proteggere i produttori italiani ma stare nella concorrenza del mercato globale, dei costi del lavoro bassi e bassissimi del Terzo Mondo. Negli anni in cui avrebbe potuto progettare il mondo nuovo, o almeno studiarci su, la sinistra non è andata al di là delle chiacchiere marxiste, delle mode cinesi o cubane, del sessantottismo. I cattivi maestri disdegnavano come passatista l'elogio ottocentesco del lavoro, denunciavano il «lavoro di merda», scambiavano l'eccitazione rivoluzionaria e la politica onirica per un lavoro intelligente. Come i filosofi greci, come Aristotele o Platone, ma senza avere alle spalle la risorsa della schiavitù. Non si curavano minimamente di dare un contenuto sociale ai lavori umili, stupidi, al massimo il Partito comunista nobilitava il lavoro gratuito per il partito, le vendite dell'«Unità» e la preparazione di festival e congressi. Di fronte a un grande problema come l'immigrazione extracomunitaria la sinistra è fuggita, ha lasciato l'accoglienza nelle mani dei preti. La destra ha continuato come prima: ricerca del profitto e irresponsabilità sociale. Lo schieramento di destra si è dato un nome, «Polo delle libertà e del buon governo», che sono le due cose che la nostra borghesia moderata conosce solo per sentito dire.

«Le classi superiori d'Italia sono le più ciniche di tutte le loro pari nelle altre nazioni. Il popolaccio italiano è il più cinico de' popolacci.» Il popolaccio di Leopardi non c'è più, nessuno oserebbe chiamarlo così, per i nostri politici è diventato il popolo sovrano. Nel Settecento si pensava fosse possibile rispondere a domande come: che cosa devo fare? come devo vivere? perché devo obbedire ad altri e fino a che punto? che cosa sono i diritti, le leggi, la giustizia? Oggi, che a queste domande non si sa più rispondere, si fanno dei dibattiti dove ognuno sproloquia. Viene da pensare ai computer, che quando non sanno rispondere a una domanda dicono: non esiste. Impotente di fronte all'innovazione come al ritorno al passato, al mercato mondiale come all'integralismo islamico, al capitalismo anarcoide come al localismo, il ceto politico ha due rifugi: le riforme costituzionali e il popolo sovrano. Il riformismo costituzionale è consono alla società del packaging, del restyling, della grafica, diciamo delle confezioni che nell'era consumistica servono a riciclare lo stesso prodotto. Confezioni sempre diverse, impaginazioni continuamente ridisegnate, carrozzerie sempre rinnovate per prodotti su per giù sempre uguali. Anche i politici credono nelle virtù magiche delle nuove confezioni costituzionali. Invano Popper li ha avvisati che una nuova costituzione, come un campo trincerato, alla fine dipende dai soldati che ci sono dentro.

L'esperienza delle regioni è stata a dir poco deludente e lo dimostra il fatto che i governanti regionali per i cittadini sono quasi sconosciuti. Nelle regioni c'è stato, dove c'è stato, il progresso economico e amministrativo fisiologico di un corpo in crescita, nessuno si è accorto se le regioni Lombardia o Piemonte abbiano moltiplicato il dinamismo e la razionalizzazione di quelle province avanzate. La regione Piemonte non è riuscita a regolare il corso del Po come la regione Lombardia non è riuscita a bonificare il bacino del Lambro, il caos urbanistico fra Carignano e Chivasso fa il pari con quello dell'hinterland milanese; le quattro regioni padane non sono riuscite a risolvere i problemi comuni legati al Po, agli inquinamenti, alle alluvioni, al sistema delle lagune. Solo la mitomania della Lega immagina una Padania diversa da quella attuale.

Che cosa c'è di più lontano costituzionalmente che dittatura fascista e repubblica democratica? Ma chi se la sentirebbe di affermare che gli italiani sono veramente cambiati? Non perseguono forse come prima un autoritarismo bonario e protettivo, un'anarchia garantita, un cinismo melodrammatico, i vecchi vizi corretti e salvati dalla loro vitalità? L'amministrazione francese è il modello del deprecato centralismo prefettizio, ma è forse peggiore della nostra confusione municipale? L'autonomia siciliana ha forse cambiato la Sicilia, fatto decollare la sua economia, scomparire la mafia? La regione Calabria ha impedito la formazione di ventisei grandi cosche con tremilacinquecento armati? Sì, certo, una riforma federale potrebbe snellire l'amministrazione, dare maggiore rilievo ai problemi locali; ma non è vero che i problemi italiani dell'ecologia, dei trasporti, delle grandi vie di comunicazione sono nazionali e internazionali più che regionali?

L'altro rifugio è la fuga dalle responsabilità di governo, che assume forme diverse, come la smania delle privatizzazioni e dei referendum. Ogni tanto facciamo finta di credere che la società italiana, la natura umana degli italiani siano sostanzialmente raziocinanti; come il Sarastro del *Flauto magico* mozartiano pensiamo che bastino dei buoni maestri per fare un popolo obbediente alle leggi e civile. La smania delle privatizzazioni deriva in gran parte dal bisogno urgente dello stato di denaro, ma è sorretta dall'idea liberista che i privati siano imprenditori migliori dello stato. Idea da noi contraddetta dai fatti: i fallimenti delle grandi industrie private hanno superato quelli delle aziende pubbliche, i successi di ENI, ENEL, STET e oggi persino Fincantieri sono eccellenti; ma dietro la smania liberista e il bisogno di soldi c'è anche la paura di gestire la complessità, le difficoltà delle mutazioni economiche. Ci pensino i privati, magari stranieri. Non lo dicono tutti che telefoni, elettricità, ferro, gomma, benzina, case saranno meno cari con i privati? Perché? È cambiata l'avidità degli oligopoli? Il mercato è davvero libero? Gli egoismi dei privati rispetteranno gli interessi dei cittadini? Le risposte sono affidate al futuro, i politici mettono la testa dentro la sabbia come gli struzzi, ci pensi il popolo sovrano a decidere.

C'è stata una pioggia di referendum proposti dalle regioni e da Marco Pannella, il nostro pifferaio di Hameln, che si trascina dietro le pecore matte. Il mondo politico a parole lo avversa ma in realtà lo protegge, gli concede licenza di referendum, una cortina fumogena sulle questioni drammatiche. È un retore che non fa paura a nessuno, che può straparlare di un regime, il nostro, che definisce peggiore del fascismo, dove lui non sarebbe rimasto a piede libero un solo giorno. C'è un triste modello referendario, il Golgota. «Volete salvo Cristo o Barabba?» E tutti, subito: «Barabba». Un brigante di più in libertà non cambia il mondo, un profeta può essere un grande sovversivo.

Il popolo sovrano decide a caso, il segreto per farlo

pronunciare come fa comodo ai burattinai è un segreto di Pulcinella, basta chiedergli di dire no, di abrogare. C'è una voglia albanese di distruggere le cose utili e sperimentate e sostituirle spesso con il nulla. I referendum hanno abolito il ministero dell'Agricoltura e ora vorrebbero abolire anche quello dell'Industria. Non c'è più agricoltura in Italia? A trattare con il mercato europeo non andrà più un ministro ma decine di rappresentanti regionali? L'industria è evaporata, non ha più bisogno di una difesa e di una promozione nazionali? Il risultato è che, cancellato il ministero dell'Agricoltura, se ne è creato un altro mascherato.

Per far star buono il popolo nei momenti difficili bisogna indurlo a credere che è forte e saggio. In questo consisteva il finto dialogo fra i dittatori fascisti e le masse, domande retoriche con risposte obbligate. La democrazia è un'altra cosa, è regole del gioco più diritti umani, non queste turlupinature del popolo sovrano, di cui inorridivano le intelligenze oneste. «Se può recar danno un demagogo» diceva Melville «che faranno centomila? Sarà loro concessa una forza bruta e soverchiante?» E Savinio: «Primo compito di uno stato civile dovrebbe essere di cancellare la folla, ma i governanti hanno bisogno della folla». Il popolo sovrano! Chiamato a decidere su tutto, anche sulla riforma fiscale, come se non fosse il responsabile di una delle più alte evasioni fiscali del mondo avanzato. Popolo sovrano anche quello di Gela, che ha il primato degli alloggi abusivi, tre su cinque?

Non ci sono mezze misure nel paese anormale. Dall'ondata antidemocratica del principio del secolo, dalla «grande meretrice», a un'idolatria populista per cui la folla è chiamata a decidere sul nucleare sì nucleare no come se avesse una minima conoscenza della fisica dell'atomo. Il no vince, naturalmente, nulla supera nella folla il piacere di dire no a imprese che sono costate anni di lavoro, di ricerca, delle cui ragioni si dovrebbe discutere a ragion veduta. La folla non ha tempo da perdere, dice un bel no, manda in fumo decine di migliaia di miliardi, cancella o quasi la ricerca e l'industria nucleare perché i socialisti Craxi e Martelli, sin lì favorevoli, hanno capito dalle elezioni tedesche che forse conviene puntare sulla paura della gente. Pubblichiamo in continuazione sondaggi da cui risulta che la folla non sa niente di storia, di scienza, di economia, e poi le chiediamo di decidere sui massimi sistemi. Perché in quanto consumatrice bisogna farle credere che è lei a dirigere veramente questo sistema, e perché salva i governanti dalle responsabilità. Anche il rifondatore del comunismo Fausto Bertinotti non manca nelle campagne elettorali di lodare spesso «gli elettori che sono intelligenti, molto intelligenti». È stata la Thatcher a inventare la formula sovrana di questa fuga dalle responsabilità con il famoso TINA, *there is no alternative*, non c'è alternativa, non possiamo resistere al mondo che ci viene addosso.

Quando Marco Revelli dice che in Italia non c'è più una sinistra ma due destre, ha ragione almeno nel fatto che l'intero corpo politico ha alzato le mani di fronte alla grande trasformazione. Il Parlamento italiano davanti alle prove dell'ingresso nella moneta europea, della disoccupazione, dell'immigrazione, del caos albanese, del mercato mondiale, del localismo dà l'impressione di un'orchestra sfiatata, che non sapendo cosa rispondere si invischia in un ossessivo litigio sulle piccole cose, sui ripicchi, sui minimi interessi partitici, sulle presenze in televisione, sui finti ragionamenti che si avvitano, sulle inutili riforme costituzionali, sui referendum, su tutto ciò che le consente di prendere fiato, di durare. È entrato in questo giro a vuoto il sindacato, che pure finge di essere operaio mentre è impiegatizio, anche lui cultore delle nuove matematiche per cui due più due non fa quattro ma otto, dieci, e il risanamento della finanza pubblica si ottiene, come dice l'ex sindacalista Marini, segretario dei Popolari, non con i tagli delle spese ma con una loro più abile distribuzione. Una parola diventata di gran moda è: spalmare. Siccome i pesi non sono più sostenibili e i tagli sono impopolari, li si spalma come la nutella.

III

Il Monte Stella

«Italiani brava gente» di antica tolleranza, pacifica, normale, che però si chiede, da sempre, perché questa sua normalità produca fatica di vivere, lacci e laccioli assurdi, da paese anormale; ma anche italiani strana gente che per ottenere un po' di normalità paga prezzi duri, spropositati, con un dispendio enorme di energie. La riforma del nostro pubblico impiego è perenne, ma com'è allora che ci vogliono anni per fare una casa, aprire una finestra, ottenere uno sfratto, chiudere una causa civile? La richiesta di giustizia è generale, ma la più seguita norma di vita è «fatti i fatti tuoi». La famiglia è un pilastro della società, resiste persino al terrorismo e alla guerra civile, ma non al «familismo amorale» osservato da Edward Banfield a Montegrano: ottenere vantaggi per i tuoi anche in modi scorretti, certo che tutti gli altri si comportano allo stesso modo. Grandi lavoratori, onesti, indignati per la corruzione degli altri, dei potenti: ma l'idea profonda che si ha della corruzione è quella di un *maquis*, di un sottobosco in cui si può sfuggire alla prigione della burocrazia, eludere le leggi ingiuste, ottenere ciò che nel legale è negato, un antidoto all'indifferenza autoritaria dello stato. Dissi a un amico di Napoli che stavamo percorrendo in auto un senso vietato. Sorrise e rispose: «No, vietatino».

Imbevuti di cattolicesimo, ma la Lega Nord cresciuta nelle province bianche, nei feudi democristiani, nella rete delle parrocchie va alle sorgenti del «grande drago», il fiume Po, riscopre la religione naturista dei celti. Le nostre crisi di identità, guerre civili, movimenti studenteschi, terrorismo si presentano come brucianti e radicali e poi si trascinano all'infinito, vengono commemorati, rielaborati, riciclati all'infinito.

Finalmente ricchi, ma inseguiti dalla paura di tornar poveri, vocati alle isterie collettive: non si mangia carne nei giorni della mucca pazza, non si toccano ortaggi e frutti nei giorni della nube di Chernobyl. Ci hanno chiamato il paese «del dolce far niente», forse siamo un paese che dà agli stranieri delle allucinazioni. Qui tutti si alzano di buon mattino con il rovello di fare qualcosa, specie in città come Napoli, in fama di oziose. Che cosa nella nostra aria ha tolto agli illustri forestieri del Grand Tour la capacità di vederci come siamo? Hanno scambiato il nostro cinismo per passionalità, specie Stendhal, geniale visionario, la nostra lunga povertà per morigeratezza, la nostra agitazione perpetua per indolenza. Che cosa c'è di più simile a una bolgia infernale che un Palazzo di giustizia italiano? Dove si ha più angosciante la certezza che la convivenza umana è impossibile, ma che bisogna riprovarci ogni giorno? Non credo ci sia altro paese che abbia la nostra frenesia per i trasporti assurdi, carichi di acque minerali che scendono per una valle mentre la risalgono carichi di acque minerali di altre valli, rubinetti fatti a Saronno scambiati con rubinetti fatti a Lumezzane, pomodori raccolti nel piacentino che vanno a Caserta per tornarne inscatolati.

«Il faut vivre entre les vivants», parola di Montaigne. Ma i viventi qui corrono, si agitano, si sfiorano, si urtano nelle albe metropolitane come in quelle provinciali, fiumi di automobili già in corsa a fari accesi, nella nebbia, tamponamenti colossali, lampade rotanti di poliziotti e di ambulanze, sirene dei vigili del fuoco, questo sì che è vivere, questo sì che è morire. Anche nell'«Italia fredda» si romba e si ulula senza motivo, i camioncini sono pronti a speronare, schiacciare, non puoi camminare sui marciapiedi, portarci i bambini.

In tutte le città, in tutti i villaggi il formicaio corre per strade, lungomari, lungolaghi, colline, monti, piazze, giardinetti dietro certificati, querele, contravvenzioni, avvisi di comparizione e tutto il resto che inventa per rendersi la vita più difficile. Dove corriamo, pecore matte? Chi sorvola di notte il Belpaese da Reggio Calabria a Milano vede, sotto, quelle milioni di luci palpitanti non su tranquilli sonni ma su ansie: cosa farò domani? dove correrò appena sveglio? in quali code consumerò la mia pazienza?

Il paese è molto bello, ma vivendo da millenni nel bello non ci facciamo più caso, siamo certi che è un bello senza fondo, che non bisogna difendere, che si può ferire.

Essendo il paese del diritto abbiamo centocinquantamila leggi, il quaranta per cento delle quali contraddittorie; e non bastandoci le rinnoviamo di continuo senza averle mai rispettate, codici della strada, disposizioni fiscali, regolamenti cittadini. Il legalismo formale è asfissiante ma aggirabile da astuzie avvocatesche, appena una legge proibisce di far regali ai politici parte una campagna contro la «ridicola demagogia» e i regali tornano nelle anticamere dei nostri eletti. Il nostro diritto è millenario ma flessibile, più invecchia e più si presta ai contorcimenti.

I carrieristi danno fastidio, siamo per il «ritorno a Caprera», ma poi ci esce dalla strozza il grido di Machiavelli: «non trova cane che gli abbai» chi non è qualcuno in questa terra. I manovali romani lo dicono con volgare efficacia: «Siamo sotto la noncaganza», siamo niente. Ci sono pochi paesi al mondo che abbiano tanti lavoratori indipendenti, ma sono quasi tutti indipendenti che dipendono da se stessi, imprenditori di se stessi. In Puglia i raccoglitori di lampascioni sono chiamati industriali.

Il paese che «ha insegnato al mondo che cosa significa essere uomo» sembra essersene dimenticato. La nostra casa è a due piani: sopra il rispettabile, il legale, sotto l'impresentabile, l'illegale. Non si vede nessuna scala comunicante, ma come il gatto «passamuri» andiamo da un piano all'altro, senza distinguere i fatti normali da quelli infernali. Politici, banchieri, industriali, poliziotti, preti, giudici ora tessono nel piano basso trame losche, ora si ritrovano in barca con magliette a strisce alla marinara, con mogli, amanti e frizzantino ghiacciato. Non c'è un'analisi, una rivelazione, un «ora capisco» che non sia seguito da un senso di inappagamento: tutto qui? tutto così stupido? così banale? Non si è mai sicuri se i protagonisti dei grandi scandali siano comici o tragici, se abbiano seguito casualmente, meccanicamente una delle tante cordate, una delle molte combine, o se siano invece tenebrosi affiliati alle confraternite dei Beati Paoli, dei servizi segreti, dei corpi separati, delle logge massoniche o «poncionati» punti per mescolare il sangue delle fratellanze mafiose. Credi di aver scoperto il gran malvagio, il principe cinico e poi ti dicono che si è fatto dare dei soldi per «far campare la famiglia», un corruttore alla buona. Nei luoghi del potere, «cupole», Parlamento, grandi banche, il cielo è invisibile perché non disturbi con le sue celesti ubbie. Luoghi misteriosi o solenni per farci il mercato delle vacche.

I cultori della lingua, coloro che nella lingua cercano la patria, sono sempre con l'orecchio teso alle inflessioni dialettali, ogni imbonimento pubblicitario si tinge dei suoni regionali, la convivenza fra campanile e nazione ha suggestioni irresistibili, è la ricetta degli spettacoli popolari di successo. Prevale il comico, vogliamo ridere perché siamo incapaci di ironia, nel comico riconosciamo quel che non vorremmo essere ma che siamo e ne ridiamo trivialmente. Certe platee di spettacoli comici sembrano uscite di senno, non si sa perché ridano, ma ridono.

Abbiamo costumi o solo abitudini? Superstizioni o convincimenti morali? Dice Arbasino che non esiste letteratura al mondo più pessimista sugli italiani di quella italiana, da Dante a Leopardi, da Guicciardini a Manzoni è tutto un fissare lo sguardo nei nostri vizi. Anche se questi grandi spiriti, poi, hanno amato il loro paese con disperazione. Possiamo dire, però, che i nostri conformismi non sono così efferati e schiaccianti come quelli di altre nazioni? Possiamo dire che la boria di questi paesi ci appare ridicola? Che i francesi «con una certa idea della Francia» recitano in modo fastidioso la *grandeur*?

C'è un luogo a Milano che sembra una metafora dantesca del nostro paese. Come nella Commedia c'è un monte e dei gironi. Si chiama Monte Stella, ma è una collina alta sui cento metri fatta con le macerie di guerra, dalle parti di San Siro, lo stadio di calcio, il gigantesco ziggurat. Le piste circolari lungo le quali salivano i camion con le macerie sono diventate panoramiche, panoramica inferiore, panoramica superiore, e si attorcono alla montagnola come gironi, su cui da mattino a sera cammina, corre, raccoglie funghi, cerca lumache, porta a spasso i cani, si ferma in meditabonde melanconie, si bacia, si tiene per mano un'umanità che finalmente riportata nel reale è orrenda a vedersi, un alieno fuggirebbe con gemiti ultraterrestri verso il suo pianeta, tutti, anche i giovani e belli, per la loro parte deformi, goffi, grotteschi, vestiti da pagliacci.

Un tempo, quando il livello di saturazione umana diventava insostenibile, si partiva verso gli spazi vuoti degli oceani o delle nuove frontiere. Oggi, in mancanza di spazi vuoti, l'umanità li ritrova nei luoghi di massima saturazione, nella solitudine assoluta delle folle metropolitane, dove nessuno ti conosce. I banditi non stanno più nelle grotte e nelle forre ma nelle città, dove tale è la moltitudine che nome non ha che ti ci perdi.

Sul Monte Stella tutti camminano, corrono, gesticolano, ma nessuno si saluta. Un mulatto si è fermato a guardare due giovani che si esercitano al karate e si fronteggiano in posture esotiche, stilizzate, fra merli dal becco giallo che continuano a becchettare nell'erba stenta perché sanno che gli umani oggi non corrono dietro le prede ma dietro l'eterna giovinezza, come Clinton nei prati della Casa Bianca. Uomini e donne che per liberarsi finalmente dalla paura del ridicolo sono ridicoli in un modo impudico, ma chi sa più che cosa è il pudore? Vecchi offesi da un ictus che avanzano a passettini con mutande nere sopra una tuta gialla, passamontagna sotto il cappellino di tela – ma perché? ma perché? –, travolti da un galoppo di stalloni ventenni seguiti in solitaria corsa da un anchilosato, che stantuffa con le sue braccia, una di qua, l'altra in su, con gemiti e fischi. Culetti di malnutriti che nuotano in grandi brache e gli «immensi tafanari irti di peli» del poeta d'Orta Ernesto Ragazzoni, nonni bonari con la carrozzina del nipotino e ceffi da kapò invecchiati, usciti dalle palestre di boxe di Brugherio, con le cuffie delle radioline sugli orecchi, tre americani di un vicino Data Media con il cranio piccolo e rasato dei marine e il torace e le gambe possenti, bacon con due uova fritte e pompelmo ogni mattino. E poi quelli che arrivano dalla vicina Fiera per mangiare un panino e bere una birretta e ci trovano gusto, quelli che raccolgono la cicoria, ciccione che gemono inseguendo la forma esile e flessuosa che un giorno ci fu dentro la loro massa ovoidale, una quarantenne dagli occhi azzurri, inglese?, moglie di un ingegnere della Pirelli?, altera e un po' offesa per gli anni che passano, impiegati con tute della Harvard University, tracagnotte con mutandine di seta cubane, tutti i colori sgargianti delle maratone cittadine, anche un giapponesino con due gambette pallide, cappelluccio a visiera, occhialini, lo sguardo di quelli che non si sono accorti che la guerra mondiale è finita e su, in cima alla collina, dove un muretto sembra circoscrivere un recinto sacro, una studentessa quattordicenne che ha «bigiato» la scuola con un compagno, il quale ha un viso tondo, da adolescente, come un budino, immobile mentre lei si china a baciarlo, ah fanciulla, tu non sai cosa perdi con i vecchi seduttori di minorenni.

La metropoli Milano sta attorno alla collina con il suo ammasso di case e casoni e parcheggi e rumori e puzze, ma dalle Alpi bianche di neve arriva una ventata di freschezza. Fra i palazzi ci sono come delle bolle gonfie, palestre e campi da tennis con coperture di plastica. Si vedono anche i nuovi padiglioni della Fiera. Le gru oggi sono ferme, non ci sono operai, una delle giganteschi solette si è abbassata, pare debbano cambiare le ottocento barre di sostegno arrivate dalla Germania, made in Germany, questa almeno è una consolazione. I ciclisti con il casco, i giubbotti di pelle, le ginocchiere vengono giù con le mountain bike per sentieri precipiti, con un soffio da valanga inseguiti dai cani, dobermann giganteschi e bassotti digrignanti. Bisogna vivere fra i vivi, pare.

L'ortolano di via San Vittore è un barese che vende cime di rapa, ma di fronte c'è la boutique confetteria di una signora elegante, di mezza età, che si mette guanti di filo bianco per prendere, come se fossero gioielli, cioccolatini, marron glacé e lettere di cioccolato per fare gli auguri. La boutique sta al piano terreno di un castello neomedievale che ha una torre alta più di trenta metri, inizio secolo, quando la voglia di castelli dilagò al seguito del romantico Giacosa. Un castello, con merli e gronde, davanti la pusterla di Sant'Ambrogio, basilica romanica.

Anche la via privata in cui abito è una metafora della Milano alto borghese: i ricchi che ci vivono la adoperano per le cacche dei loro cani, che lasciano sul posto, e quando nevica non spendono una lira per far spalare la neve. È una stradina blindata, di enormi cancelli di ferro, un po' cemeteriale, un po' monumentale, su cui a sera arrivano a folate i bronzei suoni delle chiese circostanti, San Vittore e le Grazie. Sul sagrato delle Grazie si allungano le code dei giapponesi venuti dall'Estremo Oriente per vedere l'*Ultima cena* di Leonardo, finalmente visibile dopo il restauro. Vicino c'è un collegio per ricchi con una grande piscina coperta dove nelle sere di inverno vedi corpi nudi e fumanti.

A volte, malvolentieri, sono costretto a uscire da questa enclave silenziosa e protetta per una delle giornate normali dell'Italia anormale. Mi faccio svegliare alle sette dalla portinaia perché per il servizio sveglia il mio numero riservato, da Vip, non esiste. Questa volta vado a Roma per la promozione di un mio libro in cui per duecento pagine si dice che ho preferito occuparmi di stambecchi e di ranocchi piuttosto che di politica. Vengo informato preventivamente che i libri deprimono l'audience e che, se va bene, l'intervista verrà trasmessa nella fascia dell'insonnia, alle due di notte. Dunque mi conviene essere brevissimo, se no la tagliano. Siccome non hanno letto il libro, mi chiedono cosa ne penso della Bicamerale, di Antonio Di Pietro e di Massimo D'Alema. Poi concludono: lei è ottimista o pessimista? entreremo nell'Euro? Altra intervista televisiva al pomeriggio. Questa volta con trucco, vassoio di cannoli alla crema e qualche miss Italia di tre o quattro anni fa.

Si riparte per Milano sotto un diluvio. Noi Vip abbiamo trovato posto su un aereo che decolla un'ora prima di quello prenotato. Dopo un'ora e mezzo che siamo fermi sulla pista, il comandante a voce bassa, quasi vergognandosi, dice: «Pare che sulla pista di Linate ci sia un buco. Comunque vi terremo informati». Un buco? Mezz'ora dopo ci informa: «Essendo chiusa Linate andiamo a Bergamo». Si va. Ho il posto K, quello di mezzo, fra due manager. Il manager di destra ha già aperto un lussuoso block-notes e scrive con una penna stilografica da firma di trattati internazionali una lettera dopo l'altra. Non so se sbirciando commetto una scorrettezza o se gli fa piacere. Si accerta che sbirci, e parte con una calligrafia sicura e autorevole: «Caro onorevole, per quella riunione alla FAO...», «Egregio professore, il congresso è fissato ad Atlanta per il venti prossimo...». Non si ferma neppure per un caffè. Ogni tanto una mano gli va automaticamente al telefonino, ma è proibito. Il manager di sinistra ha un pennarello verde con cui sottolinea le variazioni delle vendite di alimentari e di alcolici nei supermercati dell'Italia centrale, che riporta su un minuscolo calcolatore e poi trascrive estraendo da un nécessaire una penna sottilissima che sta fra matite appuntite di vari colori. Dato che siamo nell'era delle informazioni in tempo reale mi accorgo, vedendo là sotto l'Idroscalo, che stiamo atterrando a Linate e non a Bergamo. Evviva! La coda per prendere un taxi è lunga cinquecento metri. Mi tocca una tassista che assomiglia a Barbra Streisand. «A Milano è un macello» dice con orgasmo. Arrivo a casa dopo un'ora e un quarto. I miei due gatti sono sdraiati in poltrona. Compare mia moglie e chiede: «Ti sei divertito?».

IV

I celti immaginari

Ho conosciuto «il matto» una mattina del '93 nella sede della Lega, quando stava ancora in via Arbe, a Milano. L'anticamera era piena di giornalisti e di fotografi, era appena uscito dal suo studio un inviato di «Time», attendevano insieme a me una giornalista di «Le Monde» e uno della «Frankfurter Allgemeine», fra la curiosità e il disagio, come capita con i guaritori e i maghi. Appena entrai Bossi si alzò dalla sedia, si tolse la giacca e disse alla segretaria che non c'era per nessuno. Poi si sedette su una poltroncina, si arrovesciò e sorrise soddisfatto. Era pronto a incominciare lo spettacolo, a sciorinare le cose più incredibili e strampalate, che non avevano nulla a che vedere con la Lega ma ne spiegavano la voglia di sognare, di millantare. Bossi mi raccontava come fosse capace di fabbricare un laser; sono stato, diceva, nell'équipe del professor Zuffi a Pavia per studiare il cuore alle alte temperature; quando quel tale in treno strappò il palloncino al mio bambino lo sollevai di peso e lo misi nel portabagagli; quel giorno stavamo attaccando dei manifesti e arrivarono quei pirla delle ACLI a provocarci, allora io afferrai una sbarra di ferro e dissi: «Occhio, giovanotti, che vi apro dalla testa ai piedi»; Craxi, vuoi sapere di Craxi? Lui era uno squalo ma aveva paura dei miei missili, un giorno entrò nella mia caverna e lo trafissi.

La cosa più sconcertante era che non si curava minimamente del verosimile e di ogni possibile osservazione di buon senso; quando ci provai capii che non mi ascoltava, stava volando sulla sua palla di cannone come il barone di Münchhausen verso qualche altra gradassata o immagine sanguigna e saporita. E siccome riprovai, fece una smorfia come a dire: ma questo non sa stare al gioco, non capisce che dietro i miei discorsi matti c'è qualcosa che sta facendo esplodere il suo buon senso barboso. Solo se si parlava di politica e di elezioni aveva degli improvvisi scatti di lucidità, calavano nel suo Orlando furioso lampi di astuzia contadina. «La Lega è Bossi?» gli chiedevo. «Io» rispondeva «sono un realista democratico» e con il suo sorriso diceva: vedi come ti ho fatto fesso.

La tenuta politica di Bossi, cosa ovvia per un tribuno, è tutt'uno con una natura logorroica, fantastica, paradossale, megalomane, narcisistica, la sua droga, quella che lo rimette in piedi dopo ogni legnata. C'è un umorismo popolare, un sarcasmo, una retorica, un grottesco popolare che dopo essersi nascosto a lungo dietro il silenzio degli umili ora si prende le sue rivincite, furoreggia e più sta, per una casuale combinazione, alla ribalta più si esalta. Molti, fuori e dentro la Lega, non credono che Bossi sia un matto e infatti non lo è per i clinici, ma una divagante pazzia la simula, la mima, la usa e si diverte a vederne gli effetti, a rasentarla pensando: se volessi, matto potrei esserlo, forse lo sono. Molti pensano che non sia balordo quanto sembra perché ha successo, come se le cose fossero incompatibili, come se la storia non fosse piena di personaggi che, fin che dura, navigano sulla cresta dell'onda e resistono a qualche rovescio. Bossi non è un matto ma ne ha l'incredibile refrattarietà, passa indenne per umiliazioni e irrisioni, mentre lo insultano sorride, come di trascurabili moscerini, lascia che gridino e sorride lontano ai fedeli che lo adorano e credono nella sua infallibilità. Sorride lontano ai seguaci, ai posteri e a se stesso perché si adora. E per un'altra ragione, molto concreta: perché ha capito che in questo tempo pubblicitario l'audience, la grande platea, è tutto, puoi essere un cretino, uno che non fa ridere, uno che non sa ballare, recitare, cantare ma hai l'audience, hai una folla che ti segue o sei tu che sai seguirla, che non fa differenza. E lui ce l'ha un'audience, che varia fra i tre e i quattro milioni di italiani. Così può chiedere ai suoi critici, come chiedeva Stalin: «Quante divisioni ha il papa?». Può chiedere a chi ride di lui: quanti voti hai per poter far a meno di me? Poi, naturalmente, uno così può finire male, ma intanto la seduzione può durare anni, decenni, specie in un paese di tempi lunghi e striscianti.

Del protetto dalla follia Bossi ha l'indefinibilità morale. Dire che Bossi è buono o cattivo non ha senso, quelli come lui che si recitano di continuo non sono né buoni né cattivi, sono degli attori. Il giudizio del prossimo per loro non esiste, ne tengono, al massimo, un conto opportunistico e non si preoccupano di quello di Dio perché non hanno altro dio al di fuori di se stessi. Il tribuno matto sarà forse giudicato dopo, dalla storia, ma che gliene importa? La sola cosa che gli importi è il gioco di corretà e di rimbalzi che ha stabilito con i suoi seguaci. Casualmente, dopo un lungo vagabondare nel nulla, ha toccato l'animo della folla nei suoi punti nevralgici, ha colto le sue pulsioni, le cavalca e le eccita creandone di nuove che poi segue nell'inevitabile scalata alla sovversione, nel continuo rialzo della mira. Quando il tribuno intuisce quale nuova vena irrazionale sta alzandosi dalla folla, come tutti i tribuni gliela propone: «Volete voi la Repubblica del Nord? volete voi la secessione?». Un boato di approvazione sale dalla piazza.

Bossi non ha amici, non ha veri affetti fuori della famiglia. Ha una corte succube, adorante e tremebonda, perché è lui il padrone della loro vita e della loro morte politica. Dicono che abbia avuto molte donne. I tribuni piacciono alle donne, che li cercano per capire il segreto del successo, la chiave del potere. Anche Mario Moretti, capo delle Brigate rosse, aveva molte donne. Le donne trasformano l'attrazione del potere, del successo, nell'attrazione sessuale, tengono assieme le due cose. I matti no, loro sanno sempre distinguere.

L'indifferenza e il dispregio che hanno per le persone ragionevoli che si ostinano a far politica sono grandi. Durante i dibattiti televisivi Bossi lascia parlare gli avversari e intanto fa con le mani dei gesti come a dire, ah questi poveretti con le loro solite, vecchie, noiosissime canzoni, quando parlo io gli addormentati si svegliano, gli do la scossa, ragionevoli o meno che siano le cose che sostengo. Essere governati da uno come lui che cambia parere da un giorno all'altro, ora salendo ora scendendo la scala della sovversione, sembra impossibile ai ragionevoli perché continuano pervicacemente, stoltamente a credere che la storia sia ragionevole, che l'irrazionale ne venga respinto, mentre è invece contagioso. Seguire il tribuno popolare comporta dei rischi: specie per la gente di casa nostra che non dà giudizi politici ma sentimentali o evangelici, sì al sì, no al no, in politica fonte di malintesi.

Ci diciamo che la storia non si ripete o che ciò che è stato dramma si ripete in farsa. Il percorso della Lega è sinuoso, ma quello che sarà resta un mistero. La sua sgangherataggine culturale non è molto dissimile da quella del primo nazismo e, come nella Germania degli anni Trenta, la sua anticultura può avere un fascino perverso. Nell'anticultura della Lega non c'è per ora una violenza brutale che possa ricordare le ss e la barbarie nazista. Ma di fronte alla libertà di sbagliare senza incorrere nelle reprimende di chi sa, i capetti leghisti si esaltano. L'ex cantautore e attore dialettale Gipo Farassino afferma: «Io mi sento barbaro, anche mia moglie dice sempre che lo sono. Lascio i bicchieri in giro, butto la cenere per terra». Che barbaro! O quello che ricorda: «Mio padre diceva sempre "Bergamo nazione, il resto è Meridione"». Bergamo come una fara longobarda nel mare degli italioti.

Il gusto antico delle atellane ritorna nella benevola, divertita attenzione per gli anacoluti e gli strafalcioni leghisti; le folle televisive amano le storpiature della lingua, della storia, dell'economia, di tutto ciò per il cui apprendimento occorre un po' di fatica. La televisione non resiste alla tentazione di scambiare Bossi e la Lega per un serial popolare. A Bossi la cosa va bene, lui sa che i fumi, gli afrori, i lampi, le bolle colorate o mefitiche che salgono dalla sua caldaia non hanno bisogno della ragione, e sciolgono i fedeli da tutti i complessi di inferiorità, li fanno correre a briglia sciolta per i pascoli dei presuntuosi clerici, scavalcando di un balzo le chiudende della cultura, liberi di calpestare ciò che vogliono, di profanare quello che vogliono, di fare del «Va' pensiero» degli ebrei in cattività a Babilonia un'accorata nostalgia di libertà lombarde da nessuno conculcate.

Ai suoi seguaci conservatori o sovversivi Bossi offre una pozione di mitologia incontrollabile, di storia inventata: Alberto da Giussano, che forse c'è stato e più probabilmente no, pare inventato da Carducci fondendo in uno l'Alberto da Carate e l'Alberto Longus, che a Pontida effettivamente c'erano, per farne il simbolo di una riscossa che non fu di tutti i padani ma di alcuni comuni lombardi contro Federico Barbarossa, non di tutti perché «Como è coi forti e abbandonò la Lega», e meno che mai dei padani contro i romani, lontani dal Barbarossa.

I leghisti sono degli italiani che parlano italiano negando di essere italiani, e non si capisce cosa sarebbero perché non hanno nessun gaelico o irlandese o scozzese da proporre per il bilinguismo dei celti, sono maledettamente italofoni. E quando lo negano ricordano quei custodi fascisti della razza per cui gli italiani erano tutti alti, biondi e con gli occhi azzurri. «Noi padani parliamo in dialetto bresciano, bergamasco, veneziano, friulano. Per comunicare fra di noi e con l'estero useremo l'inglese.» Dove riconosci il poliglottismo dei padroncini: «Con i miei operai parlo il dialetto, per i clienti esteri ho la segretaria che sa l'inglese», il che spiega la fortuna dei supplementi regalati dai quotidiani con i loro corsi di apprendimento rapido.

Una delle imprese più difficili qui da noi e in tutto il mondo è rifiutare la stupidità di moda, dire quando «la Cina è vicina» che il libretto rosso di Mao non è un'opera di supremo livello ideologico, quasi una sacra scrittura del dio proletario, ma un vademecum per contadini semianalfabeti. E oggi, fin che dura l'alta audience e la Lega come un Peter Pan brianzolo corre verso un paese che non c'è, dire che la sua cultura è penosa appare rischioso. Ma la cultura non serve a chi non conosce ostacoli oggettivi ma solo avversari, a chi riprende l'arma del complottismo per vedere dovunque trame svelate, misteri smascherati, complotti scoperti. Ho chiesto al sindaco leghista di Milano Formentini a che serva fornire ai militanti queste mitologie alla carlona, questo razzismo ridicolo e mi ha risposto: «Serve a tenerli su di giri, a farli sognare. Ma non è questo che tiene in piedi la Lega, sono le ragioni forti». Che queste ragioni forti ci siano più per demerito altrui che per merito della Lega non toglie che ci sono.

Ogni giorno, involontariamente, i media fanno la propaganda alla secessione. Nell'agro nocerino, informano, novecento donne hanno simulato la maternità per intascare i sussidi della previdenza d'accordo con i datori di lavoro. Che stato, che società civile può essere restaurata in quelle campagne? La grande mafia sembra alle corde, ma la mafia minore del pizzo si è diffusa in tutta la Sicilia, cinque persone si sono suicidate fra marzo e aprile incapaci di resisterle. Le vittime dell'usura sono circa novecentomila, in gran parte nel Meridione; in Campania solo il tredici per cento degli aiuti europei sono stati usati; nelle casse della regione Sicilia ci sono centinaia e centinaia di miliardi che aspettano un investimento; ci sono progetti respinti dalla Comunità europea perché incompleti, sbagliati, inattendibili E ancora: polizia e guardia di finanza infiltrate da camorristi e mafiosi; arresti in massa a Reggio Calabria e a Napoli, dove il procuratore Cordova non guarda in faccia a nessuno; la Cassa del Mezzogiorno cancellata come fonte di parassitismo ma nessuna sostituzione credibile; un giro vano di enti, consulenze, progettazioni slegate l'una dall'altra. Non è merito della Lega, ma il tribuno sa farne fascine per il suo fuoco.

Il tribuno sa tenerli su i leghisti, il Dario Fo della Lega inventa un suo grammelot divertente. A Lodi caccia i giornalisti gridando con la sua voce roca: «*Raus*, via, andate di lungo», dove c'è la Milano popolare della Resistenza, il ballo liscio dei dopolavoro, l'invettiva del *miles gloriosus* o del venditore ambulante.

Tutto può essere rivoltato nella storia maccheronica. Cesare, il romano che fece a pezzi i celti delle Gallie, presentato come «uno dei nostri» perché con lui varcò il Rubicone la XIII legione composta da padani. Una storia romanzata come quella dello scrittore Del Tredici, in cui si racconta del celta di Golasecca sul Ticino che in odio a Roma arriva con Annibale fino a Canne e di fronte al mare azzurro, sotto il solleone, viene colto da un gran magone, da una voglia struggente di nebbia padana e di canneto. Nel suo riandare a una storia che non ci fu, Bossi immagina milioni di padani celti in fila continua lungo il «grande drago», il fiume Po, dalle sorgenti al delta, il fiume della separatezza padana, e non capisce che il Po è il fiume dell'unione fra Oriente e Occidente, dei grandi porti fluviali di Mantova e di Cremona attraverso i quali le merci dell'Oriente arrivavano all'Europa carolingia. Non è capace di vedere ciò che vide Madame de Staël: «Nelle città padane c'è il colpo d'occhio di ogni altra città italiana». Immagina il Po come il fiume della religione celtica, del suo Santo Graal, l'ampolla d'acqua raccolta alle sorgenti sotto una lapide del club alpino che è la quintessenza dell'italianità alla Quintino Sella.

Inesauribile nelle invenzioni buffe ma in qualche modo minacciose, Bossi è come il cavaliere che «saltò sul destriero e partì in tutte le direzioni». Di fronte alle stramberie del tribuno c'è chi ha reagito come lo scrittore di Comiso Bufalino: «Amo il Nord, ma questa storia della Padania mi sembra una burla, come quella dello stato libero di Bananas». Ma stavolta lo stato di Bananas c'è e Bossi c'è, in carne ed ossa, e la Lega c'è con milioni di voti. La sua localizzazione parte dal Nordest friulano, da Udine, passa per Pordenone, attraversa il Veneto da Rovigo a Verona, ha la sua capitale in Mantova, è radicata nelle valli del bresciano e della bergamasca, nelle Prealpi comasche e varesine, e poi con un lungo balzo raggiunge il cuneese. Tocca pochissimo il Po, è sconosciuta sulla sua riva destra, ma a Bossi la precisione non interessa, lui chiama Padania il reame che non c'è, non si è accorto che il Po non è il confine dei celti con gli odiati romani e non è un confine, ma una congiunzione acquea, perché la cultura italiana, l'anima italiana amano le congiunzioni e non le amputazioni.

Bossi c'è, la Lega c'è e se ci sono è perché dietro ci sono ragioni forti, fra cui la tentazione italiana di non pagare il dazio, di ricattare lo stato nelle ore difficili. Le autonomie italiane sono quasi sempre nate da ricatti più che da nuove forme di libertà. La Valle d'Aosta era fra le regioni più povere d'Italia e ora, minacciando la secessione con la Francia, è fra le più ricche; i privilegi da ricatto del Sud Tirolo sono tali da far star buono persino il razzismo pantedesco; la Sicilia dopo la minaccia di secessione dell'EVIS ha ricevuto un fiume di denaro. Oggi i leghisti di Bergamo lo dicono in modo esplicito: «Se fossimo autonomi avremmo ventimila miliardi in più». Di fronte al ricatto vantaggioso tutti vogliono leggi speciali per autonomie speciali. Gaetano Salvemini se ne dispiaceva nel suo esilio americano alla fine della guerra: «Io leggo con senso di profondo sconforto i giornali italiani: legge speciale per la Sicilia, legge speciale per la Sardegna, legge speciale per la Valle d'Aosta, per la Venezia Giulia, per il porto di Messina. E così all'infinito. E nessuno si avvede che queste leggi speciali dovrebbero essere generali se non devono essere causa di nuove ingiustizie, di nuove sperequazioni».

C'è anche l'*horror vacui*. Dopo aver per decenni delegato alla Democrazia cristiana il compito di rappresentarli al governo, di difenderli, questi ceti medi lasciati senza patroni dal crollo della partitocrazia sono passati dall'obbedienza silenziosa a un sovversivismo localistico che per la prima volta ha dato loro la sensazione di essere protagonisti della politica, di contare, di essere temuti. Le analisi sociologiche dicono che si tratta di una fascia sociale di alto reddito ma di bassa cultura: negozianti, contadini, operai diventati imprenditori senza aver avuto il tempo di frequentare delle buone scuole, uomini «fatti da soli», troppo presi dal fare per poter leggere. Ma la scoperta che questo non bastava per essere accettati dall'Italia delle arti e delle lettere, delle libere professioni e della politica, li ha come isolati dal corpo della nazione, non sono riusciti a cooptare un ceto dirigente, salvo rare e un po' bizzarre eccezioni come l'assessore alla Cultura di Milano Philippe Daverio, la cui esperienza ha più l'aria di un divertimento che di un'adesione politica. Daverio ha fatto scandalo, per il suo modo di essere e di vivere, scandalo innocente e educato, come è nel suo carattere. Ha parlato male della banda musicale del comune e ha spiazzato i suoi critici dicendo: «Alzi la mano chi l'ha sentita». Uno solo l'ha alzata.

Daverio è un putto invecchiato, il contrario del celodurismo leghista, sotto le sue morbide pinguedini, sotto la bocca golosa di paté de foie gras si indovinano i suoi piaceri: la gola, lo humour, l'erudizione. Per omologarsi alla Lega Philippe ogni tanto spara parolacce che suonano come un petardo innocuo, come una cartuccia a salve. Lui non gradisce la camicia verde leghista, si veste come un vecchio borghese un po' matto, il gilet color canarino, il farfallino, la lobbia, gli occhiali con la montatura leggera. Con Bossi non ha mai legato, il tribuno è un'altra cosa, conosce l'arte del *stop and go*, del gettare il sasso e ritirare la mano. Tace, scompare quando le cose vanno male e ricompare quando l'onda della fortuna risale per il mito del capo «che non sbaglia mai».

Per i dissenzienti c'è in rari casi, come per Maroni, la sovrana clemenza, gli altri vengono cacciati dal paradiso leghista senza scampo, la Pivetti addirittura ridotta a cadavere da far pervenire per posta al protettore vaticano. I leghisti veneti che non approvano la secessione vengono bollati: «Noi abbiamo il dovere di indicarli per ciò che sono, dei traditori. Noi Lega, noi Padania dobbiamo raggiungere la massima totale unità di intenti». Il nemico in tutta la sua corporalità, la sua patologia, il suo marcio da estirpare. Il razzismo della Lega è un po', come l'odor di concime che si spande dai campi a primavera, maleodorante ma familiare.

I tempi lo assecondano: il nazionalismo autoritario è stato screditato dalla guerra, pochi sanno che esiste anche un nazionalismo liberale, tutti vogliono ghettizzarsi, tornare alle origini. La cultura etnica è legata al concetto degli antenati, cioè a un mito, è una semplificazione, ignora che la storia è fatta di complessità e di casualità e non è, come immagina, perfetta, stilizzata e immutabile dagli avi celti ai leghisti d'oggi: stilizzata come le statue in legno, come la rosa camuna, come il sole delle Alpi. L'impresa di creare dal nulla un'identità etnica inesistente diventa una scimmiottatura del razzismo e dello squadrismo, e può scadere a barzelletta. Il consigliere comunale di Milano Ettore Tenconi ha proposto «una ridenominazione di corso Italia in corso Penisola italiana» perché si può «ragionevolmente concludere che l'Italia non sia sentimento attuale pre-

valente ... Cosicché appartenendo la Padania, geografi-
camente, all'Europa continentale risulti la considera-
zione della penisola che dal continente si diparte, in
una nuova dimensione che attesti come centotrenta anni di unità spesso forzata e imposta non hanno trasfor-
mato lo stato in un sentimento vissuto, in una entità
amata». Consigliere storico di Bossi, l'architetto Gil-
berto Oneto ha rivendicato ai padani la vittoria di Le-
panto, merito dei veneziani, e la conquista crociata di
Gerusalemme con Giovanni da Rho. Una località che
non mi è nuova per via dell'incipit di un tema scolasti-
co di mia figlia Nicoletta: «Si sente una gran puzza.
Siamo a Rho».

Dicevo dello squadrismo. Le camicie verdi, la milizia
della Lega che il *miles gloriosus* Bossi ora teme e ora
vede armata di kalashnikov come i guerriglieri palesti-
nesi, si rifiutano di rivelare il proprio nome ai giornalisti: «Io obbedisco solo agli ordini del governo padano».
La linea della Lega vuole una rivoluzione pacifica, una
secessione consensuale dagli italiani, avendo il dieci
per cento dei voti ed essendo minoranza in quasi tutte
le città del Nord; vuole il ringraziamento dei centrome-
ridionali mentre gli propone una soluzione punitiva:
l'Italia del Nord va in Europa e quella del Sud, liquida-
ta dal sindaco Formentini come Africa, vive di turismo
e di inflazione.

Passando dalla microeconomia localistica alla ma-
croeconomia nazionale e globale i leghisti balbettano.
Il debito pubblico italiano è colossale, come ripartirlo
in caso di secessione? Quale che sia il criterio, del prodotto interno lordo o del numero degli abitanti, la parte che spetterebbe al Nord sarebbe schiacciante, tale
comunque da metterlo fuori portata dai parametri di
Maastricht. L'abbandono del Meridione a se stesso sa-

rebbe un disastro, che si ripercuoterebbe inevitabilmente sul Nord: il Sud contribuisce solo per il nove per cento all'export italiano, in caso di separazione andrebbe a fondo e il Nord si ridurrebbe a una Slovenia, benestante ma marginale. Il banchiere Padoa Schioppa sostiene che «i confini degli stati non sono più quelli del mercato. Per superare questa anomalia o si ricorre a un'utopia o si arriva a un'istituzione per gli affari del mondo intero». Bossi ha risposto con l'utopia della secessione, come a dire: non possiamo sottrarci al mercato globale, ma vogliamo almeno contare nell'ordinaria amministrazione.

Il federale leghista Calderoli dice che le manifestazioni secessionistiche sono «legittima difesa di fronte al nemico», identificato in «Roma ladrona»; che non si sa bene cosa sia visto che Roma è passata dai duecentocinquantamila abitanti dell'Unità ai quasi tre milioni attuali, in massima parte provinciali, anche del Nord. Roma capitale l'hanno fatta una dinastia piemontese come i Savoia e ministri piemontesi come Sella e Giolitti. Vi hanno trasportato anche la Torino delle immense caserme dei carabinieri e i ministeri, ingrandimenti di Palazzo Carignano. Nella Repubblica, poi, Roma è stata il centro del potere doroteo, i democristiani veneti, e oggi a decidere di spese e di balzelli sono governi in cui i romani sono in minoranza. Ma l'importante, anzi l'indispensabile, è crearsi un nemico. La Lega c'è, Bossi c'è, le ragioni forti ci sono ma c'è anche qualcosa di furbesco, di opportunista, un tentativo di far passare per sfruttamento centralistico la gran voglia di non pagare il dazio. Scoppia la guerra del latte e la Lega si schiera dalla parte dei produttori che manifestano contro le multe europee. Dimenticando che nella legge finanziaria sono già contemplati i mille miliardi per il pagamento delle multe, intervento a favore dei padani, pagato da tutti gli italiani, anche da quelli del Sud che di latte ne producono ben poco; dimenticando che la sovrapproduzione multata era anche una gran truffa di latte scadente importato dai paesi dell'Est e di aziende senza mucche che vendevano le loro quote produzione.

Incauto Bossi a fare del grande fiume Po il dio della Padania, perché il fiume Po è stato ucciso e avvelenato dai padani; incauto a parlare dei fiumi e dei laghi lombardi che avvelenano l'Adriatico; incauto a elogiare la civiltà di una regione in cui non c'è governo del territorio, non c'è autorità metropolitana, non ci sono comuni disposti a darle spazio, dove è scomparsa ogni ragione urbanistica. Ma anche per la Lega vale la logica dell'evento. Non importa che sia irragionevole, autolesionista, rozza, importa la sua esistenza, il suo peso che in questa modernizzazione confusa potrebbe raggiungere il punto critico oltre il quale diventa valanga. È l'impotenza di fronte all'irrazionale che ritorna.

Al congresso della Lega svoltosi a Milano nel febbraio del '97 l'italiano diventa il nemico ufficiale. La variopinta assemblea si mette a saltare al grido: «Chi non salta italiano è», come gli ultrà negli stadi di calcio. Un deputato leghista, intervistato in un corridoio del Parlamento, urla al colmo dell'orgoglio: «Io non sono mai stato italiano!». Che cosa è stato allora? Un apolide? Mazzini gli avrebbe detto: «Senza patria, voi non avete segno, né diritti, né battesimo di fratelli. Siete i bastardi dell'umanità. Non vi sviate dunque dietro a speranze di progresso materiale».

In tempi di mercato mondiale e di «piccole patrie» il rifiuto dell'Italia da parte di italiani è meno drammatico ma non meno privo di stile: italiani che parlano la lingua italiana, lavorano in Italia, godono delle libertà italiane, siedono nel Parlamento italiano che invocano federalismo radicale e secessione; un voler andar via e un voler restare, un voltar le spalle a un futuro comune per sognare passati inesistenti, un voler negare una patria innegabile.

Non è mai esistita una lingua italiana, dicono, solo la minoranza parlava la lingua colta di Dante, Boccaccio, Petrarca. Ma non era lingua colta, era il volgare riportato a dignità letteraria. E poi quanti inglesi, tedeschi, francesi parlavano la lingua colta e non i dialetti? L'Italia nazione recente, inventata, immatura. Ma lo stato tedesco nasce nel 1871, dopo il nostro, e il Regno Unito britannico è composto da reami con popoli diversi che parlano lingue diverse. Storici come Umberto Cerroni e Robert Putnam sostengono che l'Italia non è mai diventata uno stato forte, ma che è un'antica e forte nazione. Comunque sia, una «certa idea dell'Italia» per dire la certezza che l'Italia esiste c'è sempre stata, si è sempre saputo cos'era «il bel paese ch'Appennin parte, e 'l mar circonda e l'Alpe», i conquistatori che l'hanno invasa valicando le Alpi hanno sempre saputo di scendere in Italia, lo sapevano anche i nazisti ma fingono di ignorarlo i leghisti che non sanno bene dove passi il confine della loro fantomatica Padania. Lo sapevano benissimo gli illustri stranieri del Grand Tour, i Montaigne, Rabelais, Goethe, Swinburne, Montesquieu, Mozart, Fragonard. Le regioni italiane sono diverse, Cervantes parlava delle «molte Italie», i soldati piemontesi di San Martino non capivano gli ordini in italiano, quelli napoletani a Calatafimi avanzavano al grido di «iamme iamme», ma tutti sentivano che queste diversità stavano dentro la nazione comune.

Questo essere dentro contemporaneamente alla patria cittadina e a quella nazionale è conseguenza dell'essere stata l'Italia sin dai tempi di Roma una patria di città, ed è naturale che Guicciardini vedesse con chiarezza che la sorte della sua Firenze stava dentro a quella della nazione italiana o che Machiavelli dicesse della Firenze-Italia «Io amo la patria mia più dell'anima».

Lo stato unitario nasceva fragile, ma c'era verità nelle parole pronunciate da Cavour alla Camera l'11 marzo 1861: «una di reggimenti e d'istituti, come una già la rendono la stirpe, la lingua, la religione, le memorie degli strazi sopportati e le speranze dell'intiero riscatto». Anche il Cavour «anglico nelle idee, gallico nella lingua» era italiano.

È vero, l'italiano è un uomo dal volto aperto che alle spalle si porta il peso di molte tragedie. L'Italia vitale, creativa, è vera come quella dei dubbi; «la più vivace di tutte le nazioni colte» diceva Leopardi «la più sensibile e calda per natura» e al contempo «la più morta, la più fredda, la più filosofa in pratica, la più circospetta, indifferente, insensibile». Una nazione che continua a produrre alta cultura, alto disegno, alta musica, ma che li respinge come ne avesse fastidio o timore. Dice il linguista De Mauro che anche oggi trenta milioni di italiani sono semialfabeti, sanno leggere ma non leggono, sanno scrivere ma non scrivono. La nazione italiana è, insieme, vitale e autolesionista. Una nazione piena di difetti che però «ha in sé», parole di Francesco Saverio Nitti, «una misteriosa forza di grandezza e di vita». Sempre comprensiva con i suoi vizi, con i suoi furbi e pavidi, sempre crudele con i suoi figli migliori, mandati al rogo o processati i Galilei, i Campanella, i Giordano Bruno e oggi i magistrati coraggiosi, i Falcone, i Borsellino.

Serpeggia sempre una voglia di denigrazione, ultima della serie il revisionismo sulla Resistenza, vista come una guerra fratricida sul cadavere della nazione, revisionismo a cui si è unito il presidente della Camera Luciano Violante, lui pure desideroso di far risuscitare il cadavere nazionale. Gli si potrebbe rispondere con Omodeo «che si può creare la patria anche con la fiaccola della guerra civile». Ma qui siamo di fronte a una falsificazione della storia. È vero che lo stato fascista è stato sconfitto, che l'esercito si è dissolto l'8 settembre del '43, ma non è vero che in quei giorni sia scomparsa la nazione, la nazione si è immediatamente ricomposta con la Resistenza e persino con il tentativo di continuità del fascismo di Salò. Nell'aprile del '45 gli italiani non si sentivano affatto senza nazione, anzi, avevano ambizioni superiori alle loro reali possibilità, al Nord come al Sud c'era la voglia di riappropriarsi dell'Italia intera.

Le elezioni del 27 aprile 1997 hanno complicato, se possibile, la vicenda della Lega e delle spinte secessionistiche. Il 27 aprile la Lega, che si proclama guida e rappresentanza della Padania indipendente, ha perso il comune di Milano e ha conservato solo due dei grandi municipi del Nord: Lecco e Pordenone. A Pordenone, dove al primo turno era in minoranza, ha vinto al ballottaggio grazie ai voti del Polo e di Comunione e Liberazione. Il ballottaggio ha insomma provato che il connettivo ideologico della Lega è quanto mai debole, gli analisti non sono riusciti a capire dove è finito il voto dei leghisti, a Torino e Lecco in parte forse a destra, a Milano forse a sinistra.

Il tribuno, pronto a cogliere gli umori popolari, ha cercato di governare l'instabilità del suo movimento recitando tutte le parti, ora facendo la faccia feroce, il supersecessionista, ora proponendosi come mediatore fra il governo e le tendenze terroristiche esplose il 9 maggio, quando un commando della Veneta Serenissima Armata è arrivato in piena notte in piazza San Marco con un autoblindo da carnevale e ha occupato il campanile per lasciarsi poi disarmare dai carabinieri del GIS mentre, per completare il ridicolo della vicenda, gli uomini dei NOCS, mancando un aereo, giungevano a Venezia in autobus in ritardo di qualche ora.

Esordio farsesco ma preoccupante di un terrorismo allo stato nascente che ricorda, non per la sua ideologia ma per i suoi meccanismi e le sue reazioni a catena, l'alba delle Brigate rosse. Un secessionismo non solo concorrente, ma avversario di Bossi, che ai suoi occhi è un traditore della causa veneta. A questo punto anche il fregolismo del tribuno ha cominciato a vacillare: prima ha definito gli otto nazi-maoisti e agenti dei servizi segreti, poi, a Venezia, fiutato l'umore dei leghisti locali, ha accolto la loro solidarietà verso «gli eroi» del campanile.

Il secessionismo del Veneto è diverso da quello della Lombardia almeno per un suo furore, ancor più inspiegabile e imprevedibile. Vissuti per secoli nella cultura servitora e rassegnata del «servo suo, sior», del «comandi», arrivati di colpo a una rivoluzione industriale a prato basso, fatta di piccole industrie basate non tanto sulla tecnologia e sull'organizzazione quanto sul lavoro forsennato e su un toyotismo locale, presindacale, i veneti si vendicano insieme della lunga sottomissione e del fatto che la crescita economica non si è tradotta in rappresentanza politica e culturale. Un po' il miscuglio psicologico-economico della Lega di Bossi, un po' il passaggio troppo rapido dall'obbedienza e dal silenzio dell'età contadina alla fama, il rumore, la megalomania coltivati dai media sul nuovo miracolo economico.

Anche qui è fatica vana cercare un minimo di ragione. E la colpa maggiore di Bossi emerge sempre più chiara: non è colpevole in quanto cattivo maestro di una nuova sovversione ma in quanto apprendista stregone che ha scardinato, fatto a pezzi il patto della ragionevolezza che è alla base di ogni società organizzata, perché ha dato licenza a tutti di sragionare, secondo il suo esempio.

Arrivato a Venezia pochi giorni dopo l'evento sovversivo, ha tenuto in piazza, davanti alla televisione, un comizio impudentemente demagogico, sorretto da una claque di energumeni che non lasciava parlare gli avversari, con il vecchio pazzo professor Miglio che minacciava scenari algerini. A un certo punto, con voce tuonante, ha rimproverato il governo di aver lasciato entrare in Italia diciannove milioni di immigrati, che in realtà sono uno e mezzo. E un simile fregnacciaro è stato ricevuto il giorno dopo come uno statista dal presidente della Bicamerale D'Alema.

L'irrazionalità di Bossi è la madre-figlia di una società in cui è sempre più difficile capire quel che sta mutando attorno e dentro a noi, con effetti di schizofrenia. Il sentimento che domina leghisti e secessionisti è «io non c'ero», non c'ero quando lo stato si corrompeva, quando la corruzione aumentava, quando il capitalismo anarcoide portava i suoi benefici ma anche i suoi disastri. E invece c'erano, il disastro urbanistico ed ecologico del Nord è stato fatto anche dai lombardi e dai veneti, sono stati loro, non Roma ladrona, a cementificare il territorio e ad avvelenarlo. Ora vorrebbero che lo stato corresse ai ripari come dopo un terremoto, che costruisse nuove vie di comunicazione, nuovi servizi, accanto a quelli disastrati. E hanno fretta, lo vorrebbero subito, credono che con le loro richieste di libertà, di autonomia, sarebbe cosa immediata, facile. E l'Italia raziocinante si sveglia ogni mattina con questo angoscioso dilemma: correre il rischio di reprimere o quello di stare a guardare sperando che la nube d'ira scompaia?

Quando si parla di patria e di nazione si trascurano le piccole cose, come la cucina, i gesti, le superstizioni, i luoghi, il clima, cioè le cose che per l'uomo sono molto più importanti di quelle considerate importanti. Ebbene, quella cosa che sembra piccola, la cucina, dove tutto è noto dato che si mangia tre volte al giorno, è una delle manifestazioni più marcanti dell'italianità.

Si è cercato di sostenere che non c'è una cucina italiana ma solo cucine regionali, che la linea del burro settentrionale separa quella dell'olio meridionale, ma se si leggono i ricettari delle cucine regionali si vede che i punti comuni sono molto più numerosi delle differenze, che a Palermo come a Bergamo c'è una cucina italiana diversa da quelle dei paesi europei. La separazione fra regioni del burro e regioni dell'olio è esagerata: i Ponte dell'olio, i valichi dell'olio che si ritrovano in tutto l'Appennino dicono che lo scambio fu sempre intenso, e c'erano anche gli oli degli ulivi di lago, gli oli di noci per i fritti e per le salse di olio e di acciughe come la bagna cauda piemontese. Molto simili e diverse dagli altri paesi europei le paste e le erbe, in varietà sconosciuta Oltralpe. Cucina povera ma di grandi profumi e sapori, sì che si può ben dire che gli italiani avevano inventato da sempre la *nouvelle cuisine* senza saperlo, da sempre avevano avuto sospetto delle creme, delle panne, degli unti. Ci sono italiani che emigrano restando in Italia, si vestono, si atteggiano come gli stranieri ma sul cibo nessuno o pochissimi tradiscono. Non esiste la cucina mediterranea di cui tutti parlano, fra le cucine

greca, turca, libanese, algerina, spagnola ci sono diffe
renze enormi, ma non nella cucina italiana, la cucina
raffinata dell'Harry's Bar di Venezia è più vicina a quella di un ristorante di Palermo che a quella di uno di Lu-
becca o di Londra. Mangiamo tre volte al giorno per
ogni giorno della nostra vita, il discorso più diffuso fra
gli italiani è quello sul cibo, la montagna di ravioli di
Boccaccio è il nostro monte Ararat, ma ci sembra materia volgare e minore.

Un giorno Franco Fortini, intellettuale finissimo, mi
scrisse una lettera con questo consiglio: «Non scrivere
mai di cucina». Ho notato una cosa: gli intellettuali che
hanno la cucina in gran dispregio, invitati, riconoscono
infallantemente i vini migliori e i bocconi più saporiti.

Potremmo parlare anche dei gesti, che sono quasi
una nostra seconda lingua, della mitomania architetto-
nica, per cui abbiamo costruito palazzi e chiese spropositati, del nostro culto dei santi, della grafomania,
con i suoi cinquantamila libri pubblicati ogni anno e i
millecinquecento premi letterari. «Tutto ciò che l'uomo
ha» dice Hegel «lo deve allo stato.» Noi che non abbiamo mai avuto dopo Roma uno stato vero, tutto ciò che
abbiamo lo dobbiamo alla «matria», per dire la terra
materna, le radici.

A Bossi e alla Lega dovremmo riconoscere una cattiva e una buona azione. La cattiva è di aver dato del nostro paese e della Padania in particolare un'immagine
rozza, mediocre. La buona è di aver fatto rinascere in
molti italiani stanchi o delusi dai vizi della nazione un
amor di patria saldo e pacato, il sentimento che per
uno nato qui non c'è alternativa, che vivere senza questa scombinata patria è intollerabile.

V
Settimo: ruba pure

Sottili ragionari di sociologi ci spiegano che il settimo comandamento, non rubare, è un robovecchio delle società repressive. Dice il filosofo Lipovetsky: «Siamo una società postmoralista che ripudia la retorica del dovere austero e corona i diritti individuali al desiderio del piacere. *Le crépuscule du devoir*». Torna il *gaudeamus igitur*: «poiché la morte divora tutto godiamo tutto al presente». Si potrebbe chiamarla un'etica indolore.

L'infame burocrazia, «questo potere gigantesco nelle mani di pigmei», è la compagna di strada della corruzione? Via, non siamo passatisti, la tangente e la bustarella «sono uno scambio fra i mille che si compiono, possono rientrare nella teoria dei prezzi e dei costi di transazione che equilibrano il mercato». E c'è chi conclude: «La sola cosa peggiore di una burocrazia onnipotente e corrotta è una burocrazia onnipotente e onesta»; lo stato cleptocratico come l'unico antidoto liberista a una società autoritaria.

Ma non si esagera nel nostro paese? Il fatto che qui si rubi in basso come in alto può rappresentare un collante sociale, ma il collante di una ladroneria generale. Ruba persino la chiesa madre carissima, ricicla denaro sporco lo IOR e il furto di stato resiste a ogni tentativo di repulisti, come confermato dal tramonto di Mani pulite.

Il confine fra corruzioni e favori, fra furto e pubbliche relazioni è sempre meno distinguibile, quando la giustizia interviene con il suo codice sembra un potere astratto che non tiene conto del «così fan tutti», la corruzione più che nel nostro giudizio morale rientra nei nostri «conti mentali», terreno vago in cui tutti possono assolversi. Vedi l'evasione fiscale da tutti condannata ma da moltissimi praticata come una legittima difesa. Vedi un ministero delle Finanze che ora minaccia pene durissime agli evasori e ora passa alle «pietre tombali» dei condoni.

La corruzione, un peccato così antico da sconfinare nel sacro come la prostituzione praticata nei templi per impinguare il tesoro. L'umanità non nasce forse dal furto di una mela, i ragazzi che vanno a fare «la berta», il furto nei frutteti, non sono i figli di Adamo ed Eva? Qualche peccato veniale ci vuole, lo diceva anche Pascal: «Se non ci fosse nessuna oscurità, l'uomo non sentirebbe la propria corruttela». E naturalmente «se non ci fosse nessuna luce, l'uomo non spererebbe nessun rimedio». I nostri libri di scuola sono pieni di furti sacri: il vello d'oro degli argonauti, il ratto delle Sabine, Ulisse che deruba il ciclope, le grandi conquiste, le grandi invasioni, le crociate, la civilizzazione del Far West, dove le compagnie ferroviarie rubarono centonovanta milioni di acri corrompendo i membri del Congresso. Il giudice di Mani pulite Gherardo Colombo ci vede anche una spiegazione religiosa: il furto impunito come il surrogato della immortalità, un furto che dà a chi lo compie la certezza di essere un eletto, vittorioso sul peccato originale, no, signor Dio, io non vado ramingo a guadagnarmi il pane con il sudore della mia fronte, io corrompo. Altri ricorrono alla sospensione teologica dell'etica, come quando Abramo era pronto ad uccidere Isacco, come ai nostri tempi l'Aldo Moro che fa nel Parlamento italiano l'elogio del furto commesso per il partito provvidenziale, la Democrazia cristiana.

Non sembra che la legge divina del settimo, non rubare, abbia avuto un grande successo, molti la traducono in: ruba pure.

Nel 1621 Francesco Bacone, lord cancelliere di Inghilterra, venne accusato e processato con ventotto capi di imputazione. Si difese esortando i giudici a «distinguere i vizi dell'epoca dai vizi dell'uomo». I venti milioni che il direttore delle Ferrovie Lorenzo Necci si faceva dare ogni mese dal faccendiere Pacini Battaglia appartenevano ai tempi o all'uomo? Neppure Necci forse lo sapeva: invitato dagli industriali di Parma poco prima dello scandalo, al momento del commiato, da nessuno richiesto, fece un appassionato appello alla moralità degli imprenditori, alla missione di ritrovare un'etica professionale. E nella lettera di dimissioni parlava del suo lavoro alle ferrovie come di un'opera meritevole per la civiltà europea.

La schizofrenia della corruzione non ha confini, non è di destra né di sinistra. Il maresciallo Hermann Göring, il più grande ladro del Terzo Reich, si scagliava contro gli autisti del partito perché gonfiavano gli straordinari; da noi ladroni «storici» vanno in televisione a tenere lezioni di pubblica morale; il partito dei lavoratori, il socialista, ha mostrato in tutta Europa una vocazione al furto e alle complicità con «i nemici del popolo», ultima pentola scoperchiata quella dei socialisti valloni e fiamminghi che prendevano centinaia di milioni di franchi belgi dall'Agusta, fabbrica di elicotteri, per farle vincere un appalto.

Certo, il furto è nell'aria, come un polline di primavera, e gli allergici sono rari. La pedagogia dominante, i «consigli per gli acquisti», è fatta di imbonimenti ingannevoli da tutti accettati, come l'esortazione a prenotarsi subito perché «i primi cinquanta che telefoneranno avranno uno sconto». Che male c'è se poi lo avranno tutti? Rubare ed essere scoperti è sempre meno una vergogna, sempre più un incidente di percorso: hai sbagliato qualcosa, ecco tutto.

Il progresso tecnologico moltiplica le occasioni di furto, il sogno di ogni appassionato di informatica è di entrare in qualche «camera del tesoro». L'onestà desta sospetti e reprime. Il professor Umberto Colombo quando era all'ENI venne duramente rimproverato dal ministro socialista Gianni De Michelis perché aveva respinto un contratto truffaldino proposto dal miliardario americano Hammer: non perché inetto ma perché, fuori dal mondo, non aveva capito che dietro l'affare sballato ci stavano delle tangenti.

Calvino, Buzzati hanno scritto dello smarrimento degli onesti che in un mondo di tutti ladri incominciano a pensare di essere dei sopravvissuti, degli estranei, segnati a dito dalla gente mentre passano a capo chino rasente i muri. È il rovesciamento delle parti: l'assessore socialista di Milano Schemmari, accusato di corruzione, incontra per strada Antonio Natali, il «maestro in furti» del craxismo, e si sente dire «la mia stima per te è aumentata».

Viene anche il dubbio che l'onestà non sia altro che voglia di quieto vivere, di evitare i ricatti. Il numero degli onesti costretti a pratiche disoneste per tutelare i loro giusti diritti crea una nevrosi diffusa, e sarà vero che il ricorso a mezzi illeciti non è di per sé corruzione in ogni caso, che lo si può praticare per legittima difesa contro leggi ingiuste, ma l'affarismo senza limiti, anche dove non è corruzione, le apre la strada.

La corruzione come un polline sparso nell'aria. «Lo spirito di mercanteggiamento» dice il giurista Caferra «la petulante ricerca del piccolo affare, la pappagallesca teoria del dinamismo, la valorizzazione commerciale della propria persona ottundono l'onestà. L'aria in pubblico e in privato è satura di commercializzazione.» Valori di verità e progetti generosi abitano gli stessi palazzi in cui si progettano i furti, anche le misure per il buon governo possono produrre corruzione. Pare sia una vecchia storia: dopo aver mandato nelle Americhe i suoi *conquistadores* Carlo V dovette mandarci per frenarne le ruberie i suoi *corregidores* che, diventati a loro volta ladri, furono sottoposti agli ispettori di Filippo II. E a distanza di secoli un conquistador moderno, Fidel Castro, ha ammesso: «Presto dovremo controllare la commissione di controllo della burocrazia corrotta».

Gli onesti non sono scomparsi, sono anzi la maggioranza degli italiani, ma una maggioranza impotente e anche ipocrita, il cui lamento è come un lontano rumor di risacca, una maggioranza che si aggrappa a fievole speranza, e a massime generiche: «alla fine la giustizia prevarrà», «le bugie hanno le gambe corte», «meglio una vita modesta che la galera». La minoranza ladra ci ride sopra, l'incertezza dell'etica è il solvente di tutti i dubbi. Il telecronista che va ad Hammamet a intervistare Bettino Craxi, un pluricondannato, l'affossatore di un partito secolare, non sa bene se l'uomo che gli sta davanti sia condannato o meno dalla pubblica opinione, e se lo sarà per sempre, e così gli sembra naturale dargli l'occasione di ripetere la sua autodifesa, le giustificazioni strampalate, i complotti politici immaginari, lasciarlo passar oltre i conti esteri, protetti, del denaro mai arrivato al partito, a disposizione di fantasmatici «fiduciari».

Craxi come gli altri ladri immersi, dopo gli sdegni e i furori, in una sorta di limbo: sono davvero ladri o perseguitati dalla giustizia? L'incertezza etica arriva anche ad episodi drammatici: i suicidi dei socialisti incriminati per corruzione Renato Amorese, Sergio Moroni, Gabriele Cagliari, coscienti di aver rubato, ma incapaci di accettare una giustizia che non riconosce la grande attenuante, anzi l'assoluzione, del «così facevan tutti». Il travaglio senza sbocco di Gabriele Cagliari: «Negli ultimi anni ho vissuto in una tale giungla che a questo punto della mia vita uscirne non guasta». Ma al riconoscimento della colpa segue come un latrato il rancore verso i giudici: «Loro che hanno tra loro la stessa competizione e sopraffazione che vige nel mercato, loro che inscenano farse tragiche e allucinanti e infliggono pene smisurate. Ci trattano veramente come non persone, come cani ricacciati ogni volta nel canile». Quando la corruzione impunita cade, se pur di rado, sotto le sanzioni della legge è la disperazione. «Non ci sono innocenti» lascia scritto il suicida Raul Gardini, il grande corruttore della chimica, ultimo grido fra la chiamata di correo e la fuga nel niente. Sergio Moroni, il socialista di Brescia, va al suicidio protestando: «Ricordo l'agghiacciante procedura delle decimazioni in uso presso alcuni eserciti, e per alcuni versi mi pare di ritrovarci dei collegamenti». A quale abissale distanza il rispetto di Socrate per la condanna ingiusta dei giudici di Atene!

Si è perso, abbiamo perso, permettiamo che si perda il senso del lecito e della colpa, e questa incertezza del diritto è più spaventosa, più orrenda di ogni crimine, è il corteo dei ciechi, la corsa degli ubriachi. L'amministratore del PSI Balzamo spende centinaia di milioni del partito per pubblicizzare un suo libro e per il week end da Roma a Brescia usa aerei privati a noleggio e nessuno, né sui giornali né nel partito, gli chiede con i soldi di chi, arrivati da dove. E forse i suicidi sono i migliori, ancora capaci di rimorso, di vergogna. Nel Settecento si pensava che l'economia dovesse essere morale, l'etica protestante considerava il profitto un premio di Dio, «la passione provvidenziale» diceva Hume «che guida gli uomini migliori come una mano invisibile, virtuosa». Oggi sembra più convincente la buonanima di Franco Evangelisti, braccio destro per decenni di Giulio Andreotti, quando diceva: «Mo' te spiego er becraum. Er becraum è che abbiamo rubato tutti». Stessa ammissione che si ritrova nella telefonata fra un redattore capo del «Mattino» di Napoli e il questore Mattera: «Qua sono tutti quanti fottuti dalla paura, perché hanno rubato tutti quanti e allora stanno facendo cazzate una appresso all'altra». Ma non si esagera in Italia? Nell'anno di grazia 1995 il procuratore della Corte dei Conti della Lombardia, Antonio Mimmo, denuncia: «Il nostro lavoro è inutile, chi ruba non restituisce il maltolto, in Lombardia in quindici anni sono stati recuperati quindici miliardi su duecentocinquanta».

VI

La grande complicità

Le complicità della corruzione spesso non sono richieste, scattano quando nell'aria passa l'avviso: «chi tocca i fili muore». Alla domanda: chi sta dietro al banchiere faccendiere Pacini Battaglia, nessuno ha neppure tentato di rispondere. Si è accettata la versione incredibile che questo *brasseur d'affaires* avesse messo su, da solo, una banca svizzera capace di investire decine di miliardi nel procacciamento di appalti e concessioni. Nessuno si è chiesto da dove una tale incredibile liquidità venisse a questo gioviale gentiluomo pronto a fare prestiti miliardari e gratuiti.

La risposta c'è, è ovvia: le grandi aziende che hanno, o cercano, appalti nelle opere pubbliche devono continuamente «ungere le ruote» e Pacini era il loro addetto all'unzione continua, della quale è testimone, per esempio, il costruttore di carceri De Mico, che frequentava le cacce alla volpe dei grandi immobiliaristi lombardi con una lunga coda di capelli biondi al vento. Gli fu chiesto durante un processo perché continuasse a pagare dei funzionari che erano già andati in pensione. Rispose: «Perché se non li pago anche in pensione quelli che ora stanno al loro posto non si fidano». Oppure il caso, raccontatomi dal giudice Davigo, dell'impiegato al municipio di Vigevano che, pescato in fallo per una somma ridicola, spiega: «Come potevo rifiutarla, me la passava il capo ufficio perché tacessi». Sta di fatto che giornali e televisioni si limitano a pubblicare ciò che gli passa la magistratura, e siccome essa persegue reati determinati e le persone che ne sono responsabili, non si arriva mai a una spiegazione globale, le finestre si chiudono appena aperte.

Quando si scopre un «eroe borghese» come l'avvocato Ambrosoli, assassinato per aver denunciato le malefatte del banchiere Sindona, si scrivono libri, si fanno film come per un caso eccezionale, incredibile. La specie degli eroi borghesi sembra quasi estinta, se non interveniva la magistratura non avremmo saputo niente degli scandali Enimont, IRI, Rovelli, Ambrosiano, l'alta borghesia non ha più reazioni, i grandi banchieri della Commerciale si rifiutavano di salire in ascensore con il bancarottiere Calvi, ma era una notizia confidenziale sussurrata fra finanzieri.

La maggioranza degli onesti o non ha voce in capitolo o viene interrogata ad arte per i sondaggi, che comunque vengono manipolati e lasciano il tempo che trovano.

Rubare è la norma italica, anche nell'esercito, marina, aviazione, guardia di finanza. Anche fra i carabinieri? Meno, ma anche lì. Rubare «come una prassi consolidata e tollerata» dice il procuratore militare di Padova Sergio Dini che indaga su quasi tremila militarsoldati, fra cui generali e colonnelli. Confessano tutti tranquillamente e patteggiano per evitare la galera. Il danno per l'erario è relativamente modesto, qualche decina di miliardi, quello all'immagine delle nostre forze armate è devastante. Sapevamo di avere un esercito male armato, con un numero spropositato di ufficiali e sottufficiali, circa cinquantamila, secondo una tradizione che risale all'esercito fascista, che aveva più di duemila generali ma non lo si sapeva, dal 1936 non si aggiornava più l'annuario dell'esercito. Quasi tremila indagati a Padova, millecentocinquanta a Roma, altre migliaia a La Spezia, Civitavecchia, Bari, Torino, Verona, Catania, Milano, ma a parere degli ambienti militari «l'esercito resta sano, l'incidenza dei reati contro la pubblica amministrazione resta minima, specie se in relazione ad altre categorie». Come dire: sì rubiamo, ma meno degli altri.

Se si scorre l'elenco dei reati commessi dai nostri militarsoldati si capisce che non c'erano truffe preferenziali, si rubava su tutto ciò che capitava a tiro. Certi ufficiali mandati alla scuola di guerra di Civitavecchia si facevano ospitare da parenti ed amici e poi presentavano il conto di alcuni alberghi che stavano alla truffa rilasciando false ricevute. A Roma c'è una tipografia specializzata in ricevute e fatture di tutti i paesi del mondo, anche in caratteri cirillici o arabi o cinesi. Si era arrivati alle truffe asiatiche: alti ufficiali facevano fabbricare divise e scarpe a Hong Kong o a Singapore e le facevano pagare all'esercito a prezzi decuplicati. Da sempre ci sono nelle nostre forze armate ufficiali e sottufficiali che vendono gli esoneri o le convalescenze lunghe, uno prende l'influenza e viene mandato a casa per due mesi. Quelli di Gladio erano un esercito sui generis, contro il pericolo rosso, ma quando vennero scoperti i loro archivi segreti si trovò che erano pieni di note d'alberghi di lusso in località vacanziere.

Ciò che colpisce nelle indagini sul malcostume militare è la facilità con cui si creavano complicità e redistribuzioni degli utili. Gli ufficiali che si trasferivano all'estero per missioni militari presentavano richieste di rimborso per il trasloco in cui il peso dei mobili veniva triplicato o quadruplicato dalle aziende trasportatrici. Il ministro della Difesa ha precisato alla commissione del Senato che «gli illeciti del personale militare risultano essere solo il 6,8 per cento di quelli scoperti nell'ambito dell'inchiesta Mani pulite». Questa sì che è una consolazione! Nella prassi consolidata e tollerata c'erano anche i trasferimenti di fine carriera. Poco prima di essere mandati in pensione ufficiali e sottufficiali si facevano rimborsare un trasferimento mai avvenuto. Ai magistrati che ora li interrogano rispondono che il rimborso era considerato una buonuscita, un premio di anzianità.

Sono anni che si parla di una riforma delle forze armate, di un esercito di professione. È chiaro che un esercito di coscritti che fanno il soldato controvoglia, in un paese che non ha più cultura militare, con una leva sempre più corta che non consente di imparare le tecniche e gli impieghi di una guerra moderna non può che essere un esercito da caserma, inadatto ai pronti interventi. Ed è comprensibile, anche se non accettabile, che in un siffatto esercito chi può si ritagli compensi e privilegi che per essere mediamente modesti vengono considerati come dovuti. Dice il procuratore di Padova: «Non possiamo fermarci perché ogni giorno emergono fatti nuovi. Ma credo proprio che siamo solo agli inizi». Sono le stesse parole che abbiamo sentito in questi anni dai giudici di Mani pulite.

La voglia di rubare nel Belpaese è generale, interprofessionale, senza distinzione di età e di sesso, comune ai sudditi come ai principi, ai privati come ai pubblici ufficiali, a quelli in doppiopetto come a quelli con le stellette.

Una delle tecniche preferite dalla grande corruzione è il risanamento di una azienda pubblica mediante altri investimenti rovinosi. Al momento di votare questi investimenti truffaldini i più astuti si allontanano dalla sala, l'arte della sparizione al momento opportuno è molto apprezzata. Scandali ferroviari e scandali della Difesa si assomigliano per una certa rudimentalità delle procedure. Quando i due tangentisti della Lockheed arrivarono dal ministro Tanassi per rifilargli a prezzo maggiorato gli aerei Hercules, lasciarono su una poltrona una borsa piena di milioni e il segretario del ministro li rincorse dicendogli: «Avete dimenticato questa borsa», debitamente svuotata, si intende.

Se è una consolazione, diciamoci che la corruzione è antica, «dovunque si trova la istituzione della proprietà privata» scriveva Thornstein Veblen «anche in forma poco sviluppata, il processo economico ha il carattere di una lotta fra uomini per il possesso dei beni». E, secondo Pareto, politici e sindacalisti operano allo stesso modo dei feudatari: «i privilegi di cui godevano in quel tempo i nobili hanno riscontro nei privilegi giudiziari, fiscali, e altri di cui godono ora i deputati, e in piccola, ma non trascurabile parte, anche i loro elettori».

Cosa è cambiato? Poco si direbbe. Anche oggi i potenti raramente pagano. Trovano buoni avvocati, giudici indulgenti, testimoni falsi, uomini di paglia per una semplice ragione: sono solventi, hanno il denaro per pagare.

La corruzione è prevedibile, ma è anche notorio che a pagarne i danni sarà in qualche modo lo stato. I pochi condannati trattano, restituiscono una parte del maltolto e con ciò si assicurano due cose: tornar liberi e far sapere ai loro complici potenti che potrebbero fare una chiamata di correo. I «fiduciari» di Craxi hanno restituito un po' di miliardi, ma il grosso è rimasto a loro disposizione. C'è un popolo che è fuori dalla grande corruzione ma che, alla lunga, sta dalla sua parte. Tutti quelli che si «arrangiano» prima applaudono all'azione dei giudici e poi la trovano eccessiva, senza sbocco, uno smottamento insostenibile, una minaccia continua all'economia. E c'è di più, c'è l'impunità dei corrotti, ci sono alti ufficiali della guardia di finanza denunciati, condannati e ripresi in servizio dopo il patteggiamento.

La corruzione è la via più facile al profitto, non la meno faticosa. L'affarista, l'imprenditore scelgono la corruzione del politico come la via di minor resistenza. Grazie all'appoggio del politico corrotto o della malavita organizzata possono eliminare la concorrenza e infliggere duri colpi al mercato. Si tratta di una verticalizzazione del controllo che mentre esclude una parte degli operatori economici ne protegge altri, con i quali si stabiliscono, con l'andar degli anni, rapporti coercitivi e di fedeltà.

L'impresa corruttrice non sprofonda nella violenza fisica, la delega o alla malavita organizzata o alla politica e alla magistratura corrotte. I grandi affari sono di pochi, ma il veleno della cattiva morale si spande, vengono creati migliaia di testimoni falsi, di falsi revisori dei conti, di falsi sindaci. Lo scandalo che costrinse Gardini al suicidio era in marcia da anni e conosciuto da migliaia di persone, dirigenti dell'azienda, controllori italiani ed esteri, clienti, amici, parenti sapevano che il denaro della Montedison-Ferruzzi partiva per lidi sconosciuti per ripagare le perdite di Gardini sul mercato del grano. Tutti nel PSI, come insiste a ricordare Craxi, sapevano, anche quelli che non mettevano in tasca una lira. E tacevano.

La corruzione stravolge le regole di mercato e di conseguenza anche la professionalità. Le ricompense al merito personale si diradano, un esperto in «relazioni» industriali o pubbliche, come le si chiama, diciamo un commesso viaggiatore in corruzione, è più importante di un bravo manager. Ma c'è di più: il distacco fra retribuzione e raggiungimento di un obiettivo di produzione si allenta, tutti cercano di trovare delle scorciatoie illegali, non è necessario che l'avvocato Agnelli o Cesare Romiti ordinino ai loro sottoposti una corruzione perché i dirigenti delle ottocento società della galassia Fiat sanno che se vogliono far carriera devono fare degli utili e che per farli bisogna «ungere le ruote».

È l'inestricabile intreccio di morale e di interessi della *Favola delle api, ossia vizi privati, pubblici vantaggi* di Mandeville: quale giudizio si può dare del mercante di acquavite che contribuisce al progresso dell'industria e dei trasporti con un'attività fondata sulla dissipazione e l'ubriachezza? Anche le aziende di stato non esitano a pagare con tangenti ai partiti le leggi a loro favore. I corrotti e corruttori di ogni paese rivendicano maggiori garanzie e maggiori autonomie, cioè più protezione e più impunità. Tutti liberisti, per l'economia di mercato, mentre chiedono che la giustizia non si occupi dei loro affari, che è poi l'eterna richiesta del ceto dominante. In Italia la mancanza di un controllo governativo è aggravata dal fatto che mancano altri controlli, altre fedeltà morali, come l'uscire dalle grandi scuole tecnocratiche, dalle grandi università. C'è solo la Banca d'Italia ad avere una sua tradizione di servizio per il paese e, fra le università, la Normale di Pisa. In nome di un falso garantismo abbiamo una legge per cui non può essere richiesto e comunque accertato «il requisito della buona condotta» nelle assunzioni, per evitare, si sostiene, lo stato di polizia. Ma forse bisognerebbe evitare anche lo stato di ruberia.

La corruzione, dicevo, non favorisce la professionalità, i dirigenti di azienda si occupano più del turn over politico che dei mutamenti tecnologici, sanno che ad ogni nuova ondata di politici bisogna rinnovare la corruzione, ristabilire i contatti, e non è facile ora che la società civile esige un minimo di sorveglianza e di repressione.

Nei primi decenni della Repubblica, fino al centrosinistra, la corruzione dei politici era relativamente facile. C'era un solo grande partito di governo, la Democrazia cristiana, che prendeva quasi tutta la torta lasciando ai partiti minori le briciole. Il professor Valletta, re della Fiat, dell'industria privata, scendeva ogni mese a Roma a fare il giro «delle sette chiese», dei ministeri importanti dove chiacchierava del più e del meno con i ministri e lasciava ai loro segretari una busta rigonfia di bigliettoni. La magistratura, oggi rimpianta dai moderati, chiudeva gli occhi sui furti agli azionisti compiuti dalle maggiori aziende, documentati invano da Ernesto Rossi. Tempi in cui, come diceva l'agente di cambio Aldo Ravelli, «se un grande industriale proprio non lo sorprendono mentre sgozza la moglie, in prigione non ci va e se ci va esce subito per incapacità di intendere e di volere». Non solo questa impunità ma anche essa ha contribuito a creare «una modernizzazione senza sviluppo, una crescita materiale che non si accompagna alla civilizzazione» scrive Giulio Sapelli, cui si deve un'altra notazione: «la borghesia come classe generale, come custode delle regole del gioco e dei valori suoi, ma in parte condivisibili anche dagli altri ceti, ha lasciato cadere questo suo ruolo di pari passo con il declino della classe operaia». Il conflitto di classe era una cosa seria, era lotta ma anche reciproco controllo, i signori delle fabbriche sapevano di doversi confrontare con i sindacati e con i lavoratori, chi più chi meno sapevano, come il professor Valletta nella Fiat occupata dagli operai, che dovevano essere all'altezza della situazione, che erano protagonisti di una vicenda seria, a volte tragica, non di una farsa.

Ora questa borghesia ha capito che la finanza rende più della produzione, che il denaro sporco può essere riciclato, che per vie indirette si può partecipare agli affari più loschi e che le responsabilità verso la propria città, il proprio paese, le proprie maestranze possono essere dimenticate dentro il mercato mondiale. Quando la produzione perde di vista l'etica può essere salvata solo dalla conquista. La Roma di Cesare, corrottissima, compensava i suoi vizi con le imprese militari, l'Inghilterra di Samuel Pepys era governata da ladri che però costruivano la più grande flotta da guerra del mondo, l'America delle lobby e dei gangster restava grande potenza. Ha avuto certamente un peso nella crescente corruzione italiana il venir meno della funzione militare e della politica estera che imponevano un minimo di stile e di rigore. Ora i nostri militari si offendono quando si dice che la loro maggiore attività non è l'uso ma il commercio delle armi, non la sussistenza ma le creste sulla sussistenza, ma così stanno le cose.

VII

La maschera incaica

La malavita organizzata è l'ombra del potere legale, che il potere combatte ed usa, nemico e complice. Questo voleva dire Gaetano Salvemini quando chiamava Giovanni Giolitti «il ministro della malavita». Fin qui siamo nella normalità dell'intreccio fra bene e male. Ma che un personaggio di tale fatale connubio, come Giulio Andreotti, sia rimasto al governo per quasi mezzo secolo, questo è certamente anormale, un caso unico nelle democrazie occidentali.

Il tempo ha fatto del volto di Giulio Andreotti una maschera incaica. La maschera del potere stringe le labbra sottili e dice menzogne rarefatte, totali, secondo un modulo mutuato dalla mafia o viceversa: «Non mi intendo di tangenti e di corruzione perché sono sempre stato fuori del partito, preso dai miei impegni di governo in Italia e nel mondo». Come Totò Riina, che interrogato sui suoi rapporti con Luciano Liggio, di cui per anni è stato il braccio destro, risponde: «Liggio? Sì, ci giocavo insieme da bambino, poi ho saputo che è stato condannato per eccesso di velocità sulla Palermo-Corleone».

Andreotti non inventa ciò che non è avvenuto ma separa se stesso da ciò che è avvenuto, una separazione da vero uomo di potere: questa è la mia verità e la mia verità è più vera della vostra. Non ha mai conosciuto il giudice Carnevale che cassava le sentenze dei mafiosi? «Mai visto e sentito, salvo una volta per una estradizione.» Ma non lo aveva invitato fra gli alti patroni del premio Fiuggi, non aveva pregato il suo fido giudice Vitalone di aiutarlo «ventre a terra» per una promozione? La Sicilia intera sa che Salvo Lima era l'uomo di congiunzione fra la mafia e Andreotti, lo confermano tutti i notabili siciliani, da Ciancimino a Gioia a Ruffini. L'economista Sylos Labini ha dato le dimissioni da una commissione tecnico-scientifica quando Salvo Lima è stato nominato sottosegretario al bilancio, nel 1974, e ha scritto a Giulio Andreotti che lo aveva nominato: «L'operato dell'onorevole Lima nella gestione del comune di Palermo è stato tale da attirare ripetutamente l'attenzione del giudice penale che ha chiesto quattro volte l'autorizzazione a procedere. Voglio sperare che questa mia possa servire per il futuro, ma probabilmente mi illudo». Si illudeva, Sylos Labini se ne andava e Lima restava.

Di Lima più volte inquisito Andreotti dice: «Quanto a Lima non ho mai avuto un minimo indizio che vi fosse qualche collegamento da parte sua con persone che non dovesse frequentare». Lima era stato eletto a valanga con il voto della mafia, era notoriamente vicino alla mafia, si incontrava in una villetta con il boss Bontade, ma Andreotti non lo sapeva. E non aveva mai conosciuto i cugini Salvo, gli onnipotenti esattori che finanziavano la sua corrente.

Ora, al processo di Palermo, testimoni al di sopra di ogni sospetto, «amici degli amici», notabili democristiani processati e condannati per mafia dicono: «I cugini Salvo erano in grado di muovere dalla metà ai due terzi dell'intera rappresentanza democristiana dell'assemblea regionale, erano una realtà economica e politica di cui bisognava tener conto». Ma Andreotti non li ha mai visti, quando ne vede uno, Nino, in un albergo palermitano «non realizzai che si chiamasse Salvo, io ritenni che si trattasse di un direttore o di un proprietario». I presenti notano che «si salutarono come due che si conoscono bene e si intrattennero a parlare fra di loro come persone in rapporto di assoluta familiarità. Salvo si rivolgeva a lui chiamandolo presidente». Durante il primo interrogatorio il giudice Caselli fa vedere ad Andreotti una fotografia in cui sta fra altre quattro persone. «Riconosco soltanto Ruffini, Mattarella e Lima. La persona a sinistra non so riconoscerla e non l'ho mai vista.» È Nino Salvo, il «polmone politico e finanziario della corrente andreottiana». «Le sembra possibile» gli chiede Caselli «affermare che solo lei non conosceva i Salvo?» Risponde: «Non solo è possibile ma è così». La mia verità contro la vostra e la mia è più vera della vostra.

L'illustre personaggio che nel rispettoso silenzio di chi lo interroga afferma di non sapere nulla di tangenti e corruzione è lo stesso che per quasi mezzo secolo ha tenuto in vita a Roma e in Ciociaria una gigantesca clientela elettorale da oltre duecentomila voti, che ha allevato generazioni di politici a far uso del denaro pubblico, che ha piazzato uomini fidati nelle direzioni delle banche e nelle aziende pubbliche, le quali a una sua telefonata aprivano crediti a palazzinari, imprenditori termali, padroni di cliniche finite sotto inchiesta, direttori scialacquatori dell'Opera di Roma. I trecento o quattrocento del sottobosco romano che festeggiarono a Palazzo Farnese all'inizio degli anni Novanta il divo Giulio, quando il perfido Francesco Cossiga gli fece

79

il brutto scherzo di toglierlo dall'agone politico nominandolo senatore a vita. Tutti in abito da sera, avventurieri e speculatori, banchieri e giudici, e attorno i fantasmi orrendi della banda della Magliana, del ponte dei Frati neri da cui penzola il banchiere Calvi, di Sindona.

Quando Andreotti nega *urbi et orbi* si ha l'impressione che dietro la maschera incaica ci sia un altro dall'ambiguità suprema, quell'altro che ogni mattino il brigatista rosso Franceschini incontrava mentre andava a messa prima di tornare nel suo ufficio di ministro a tessere per conto della Provvidenza, del Buon Dio o del Maligno, trame e alleanze temporali. O forse la faccenda è più semplice, forse Andreotti è un italiano come tanti altri, «presuntuosi al punto» diceva Schopenhauer «di credersi capaci di ogni grande opera, mediocri al punto di ridursi anche alle miserrime e vergognose». I politici che escono di scena sono presto dimenticati, ma Andreotti c'era, c'è, e ci sarà, incancellabile come il peccato originale, incarnazione della nostra inclinazione alla fede miscredente.

A volte, con distacco da oracolo, può anche ammettere le verità agghiaccianti del potere: «Le piante migliori per crescere hanno bisogno del concime». Erede di generazioni di scettici cresciuti nella curia romana o nel governo, generazioni di poliziotti che tradiscono lo stato mentre lo servono, di alti magistrati che proteggono per viltà o per soldi i malavitosi che poi devono giudicare e contro i quali si scagliano nelle grottesche aperture degli anni giudiziari: quelle toghe, quegli ermellini, quelle porpore, sporchi di intrighi e di sangue.

Gli italiani non amano Andreotti ma ne sono affascinati. Si specchiano nel suo «servir non credendo», nel suo passare per tutti i fuochi come una salamandra, nel praticare un'ironia che essi ignorano, ma che perciò temono: «Non sono gobbo ma curvo. Ho passato tante di quelle ore a tavolino che alla fine mi sono un po' piegato sulle carte».

Per anni ci siamo chiesti quale potenza invincibile stesse dietro il giudice Corrado Carnevale l'ammazza-sentenze, per quale perversa malattia dello spirito venisse da lui difeso un formalismo giuridico che aiutava oggettivamente i delinquenti, scoraggiava i poliziotti, irrideva i giudici di merito, disarmava gli amministratori onesti. E siamo rimasti sempre incerti fra due risposte: i giochi estremi del potere e una complicità congenita con la malavita. Più il processo di Palermo contro Andreotti procede con le sue udienze assurde e più si manifesta un favore del ceto politico e dell'informazione per l'imputato eccellente: parlamentari, anche del PDS, che si dichiarano convinti della sua innocenza, il presidente e il segretario del Partito popolare, Bianco e Marini, e i cardinali di curia che lo accolgono con un applauso di sei minuti, senatori che battono le mani a un suo intervento in politica estera. Come se il processo non fosse morale, come se non trascendesse le forme giuridiche. Perché? La prima ragione che viene in mente è brutalmente strumentale: tutti coloro che in Italia devono rendere conto alla giustizia o temono di doverlo rendere hanno capito che se si dimostra che Andreotti è un perseguitato e i giudici di Palermo biechi inquisitori, pronti a far carte false pur di incriminarlo, si è dato un bel colpo al prestigio di Mani pulite. I giudici coraggiosi sentiranno il terreno vacillargli sotto i piedi, il consenso svanire. Si dà il caso che fra questi italiani ci siano padroni di televisioni e di giornali, ragion per cui non c'è nemmeno bisogno che diano delle direttive, i giovanotti in carriera sanno già da che parte soffia il vento, e ogni giorno riforniscono di armi processuali chiunque sia in contrasto con la giustizia, gioiscono se un teste di accusa ritratta, se si dimostra che un pentito non è attendibile.

La seconda ragione, più italicamente complessa, è che il nostro ceto politico, anche durante i grandi conflitti di classe e ideologici, ha sempre fatto quadrato e ora dopo i giorni del furore e dello sdegno per Tangentopoli si sta rinsaldando nella difesa dei privilegi e delle vecchie immunità. Nel suo complesso questo ceto, sinistra e destra, Moro o Togliatti, pensava e pensa che la sola cosa che vada perseguita è il potere e che il solo modo per averlo in democrazia sono i voti da ottenere o da comperare a qualsiasi prezzo. I duecentomila voti della mafia avevano quel caro prezzo, e facevano gola a tutti, ad Andreotti ma anche al repubblicano La Malfa, ai socialisti Craxi e Martelli, al radicale Pannella.

Peccare dentro il perdono di Dio è una delle nostre avvolgenti consuetudini. E conoscendoci peccatori, prima o poi ci sentiamo in qualche modo vicini ai grandi peccatori; nel nostro intimo si presenta come un vago sospetto, che poi diventa angoscia: e se questi giudici onesti arrivassero anche a me? se questi giudici impietosi intaccassero anche il mio sistema di privilegi e protezioni? Assonanze e risonanze intermittenti, correnti a tensioni mutevoli, ma presenti. Il giudice Antonio Di Pietro è stato la cartina di tornasole di queste nostre intime oscillazioni. «Ma perché ce l'hai con Di Pietro?» chiedevo ai suoi imprevedibili detrattori. «Non so» dicevano «non mi va.» Un sentimento vago, una leggera brezza gli era entrata dentro e pian piano li volgeva al pollice verso. Una sera è venuto a Milano il professor Girard, studioso di miti e di religioni, e ci ha raccontato del *bouc émissaire*, del capro espiatorio. Un meccanismo mimetico che si ripete dalla notte dei tempi, sempre uguale: la massa che individua un capro espiatorio per imitazione, uno solo, e su di esso concentra le sue paure, il suo odio, fino a distruggerlo. Più si dimostra l'innocenza di Di Pietro dalle accuse assurde che gli sono state mosse, più viene sospettato, espulso. Finché lui stesso si convince di dover espiare.

Questa risacca che non perdona coinvolge guardie e ladri. La stampa di destra denuncia gli scandali per colpire la sinistra, ma il messaggio che arriva a milioni di italiani non è né di sinistra né di destra, è un avviso per tutti coloro che per la casa, le tasse, le raccomandazioni hanno violato le leggi, ai quali si chiede di schierarsi contro la legge che potrebbe scoperchiare le loro pentole. Psicologia collettiva di cui ti accorgi solo a cose avvenute, reazioni a catena che partono da sole. La risacca trova subito chi è disposto ad aiutarla, gli ispettori ministeriali, i testimoni falsi, i giornalisti venduti, politici che temono il partito dei giudici, gente che non resiste alla tentazione di rivoltarsi nel brago, di pescare nel fango, vecchi nemici della democrazia, vecchi militanti di tutte le sovversioni che fingendo di essere garantisti ostacolano la giustizia, partiti politici della sinistra che quanto più entrano nella stanza dei bottoni tanto più diventano insofferenti dei controlli della legalità. Il partito della restaurazione non vuole, non può rinnegare se stesso, la sua profonda convinzione di essere impunito. Questo partito non nascondeva le sue malefatte, anzi, voleva che si sapesse che c'erano. Chi non capiva che spendeva al di sopra delle sue possibilità, che considerava le aziende di stato come un suo patrimonio? Ma nessuno osava denunciare e questo era il segno visibile del suo potere.

L'anormalità italiana è sconcertante, non fa le cose più semplici, più doverose e si lancia in quelle più spericolate, delittuose, fantasiose. Il governo non muove foglia per far rientrare i capitali nascosti nei conti protezione, lascia che Craxi dica che di quei conti all'estero non sa niente. Forse ci sono, ma rispondono ai loro fiduciari. E se vien fuori che questi fiduciari sono i suoi fiduciari, che se ne stanno in Africa come Troielli o se ne vanno assolti? Una Corte d'Appello manda liberi i corrotti dell'IRI e nessuno protesta, la Cassazione scagiona la P2 dall'accusa di sovversione, non importa che il venerabile Licio Gelli abbia pubblicato sul «Corriere della Sera», quando di fatto ne era il padrone, un suo progetto caudillista, e reclutato per dargli corpo alti servitori dello stato: generali dei carabinieri e dell'esercito, onorevoli e sottosegretari, banchieri e editori. Cose irrilevanti, la P2 per la nostra giustizia era un'agenzia commerciale, un Rotary.

Si apre un'indagine giudiziaria a La Spezia sullo scandalo delle ferrovie, la prima azienda pubblica italiana, e si indaga anche sul traffico d'armi dell'Oto Melara; per qualche giorno si vedono in televisione dirigenti ferroviari, faccendieri, carri armati e cannoni, poi tutto svanisce nel nulla, resta solo il capro espiatorio di Di Pietro che con le ferrovie e il traffico d'armi non c'entra niente, ma che viene invischiato nelle intercettazioni telefoniche del GICO, una polizia segreta della guardia di finanza. Pagine di giornale, ore di televisione sull'infame giudice che ha osato indagare sui potenti. E le facce, le facce untuose, da lacchè dei presentatori e dei commentatori!

Tutti nel paese anormale sanno sempre tutto, ma nessuno si muove in tempo. Tutti sapevano che le ferrovie, azienda in pauroso deficit, si erano trasformate in una fucina di investimenti, di iniziative. Perché i ministri non erano intervenuti? Perché non avevano esercitato i controlli? Anche lo scandalo ferrovie svanisce nel nulla e alla Cassazione non basta, scagiona per mancanza di indizi il direttore Necci, dice che gli dobbiamo delle scuse. Allora perché non reintegrarlo nella direzione? Perché mandarci un nuovo direttore che sta sfrondando il sottobosco degli sprechi, delle pubbliche relazioni miliardarie, degli investimenti inutili? Resta Di Pietro, un tribunale di Brescia assolve i suoi persecutori e usa la sentenza per demolirlo come giudice scorretto e forse corrotto. Il capro espiatorio serve a questo, a distrarre i cittadini dai veri colpevoli, dai veri misfatti. A tutti pare normale l'incredibile anormalità che in un paese di grandi ladri, di grandi corrotti tutti si occupino ossessivamente di alcune cadute di stile di un ex poliziotto diventato giudice.

Il giorno in cui fu arrestato a Palermo Totò Riina il giudice Di Lello disse: «Lo hanno preso adesso perché adesso finalmente lo hanno cercato». I ventitré anni della latitanza di Totò Riina coincidono con gli anni in cui il potere democristiano ha deciso di vivere in simbiosi con la mafia. Qualcuno ne risponderà oltre Andreotti? Ci sarà un processo politico ai responsabili di quella perversa alleanza? In quei ventitré anni e anche prima siamo stati testimoni e cronisti della congiura fra stato e malavita, fra lo stato e l'antistato. Metterci le mani era come metterle in una nebbia viscida, lasciava sulle dita una bava da serpente e quella bava avvolgeva la città intera, i palazzi del governo e i suoi miserabili uffici periferici dove ogni poliziotto poteva essere un mafioso, anche quelli che davano la caccia ai mafiosi e qualche volta li prendevano ma altre li avvertivano.

Tutto era noto restando segreto, le prove della complicità erano lì sotto gli occhi di tutti, ma inafferrabili, scivolavano fra le mani, evaporavano nelle istruttorie e nei processi. Adesso su tutti i giornali si dà come una rivelazione la promiscuità fra mafia e massoneria. In Sicilia lo sapevano tutti da anni, stava scritto nella sentenza di rinvio a giudizio del professor Grimaudo, gran maestro delle logge trapanesi. Nella sua loggia coperta ci stavano i mafiosi assassini, e il professore annotava in un suo diario «conviene incontrarsi a Montelepre con persone addentro alla direzione degli istituti di prevenzione e pena per l'avvicinamento a Trapani di don Coppola», il parroco di Carini, cugino di Frank tre dita, che aveva sposato Totò Riina con Antonietta Bagarella. Nelle logge del professor Grimaudo ci stavano anche un vicequestore, alcuni giudici e un alto ufficiale dei carabinieri, ragion per cui l'incauto commissario Saverio Montalbano che aveva indagato sulle logge veniva trasferito e retrocesso.

In quei ventitré anni chi non voleva vedere non vedeva. La signora Riina aveva messo al mondo quattro figli, sempre nella clinica Pasqualino Noto di via Dante a Palermo, USL 58, accolta e registrata dall'ufficiale sanitario Antonio Rizzuto. Ma nessuno la seguiva, partoriva e scompariva senza che il ROS, le teste di cuoio dei carabinieri, impiegasse le sue sofisticatissime apparecchiature per pedinarla. E avendolo scritto il direttore della clinica mi telefonava: «Dottore, come potevo sapere che era la moglie di Riina, di Bagarella a Palermo ce ne saranno migliaia». Il modo più sicuro per garantire la libertà ai grandi latitanti era quello di arrivare nei loro covi almeno ventiquattro ore dopo che se ne erano andati? Un informatore fece sapere al dirigente della Mobile Tuccio Pappalardo che Nitto Santapaola, il boss di Catania, era nascosto in una masseria del marchese Gravina in contrada Bongiovanni. Pappalardo informò il capo della Mobile, che gli disse: «Tranquillo, ci pensiamo noi». Ma non succede niente, solo dopo sei giorni duecento poliziotti con auto blindate ed elicotteri irrompono nella masseria: di Santapaola è rimasto solo un registro con un elenco di funzionari di polizia e magistrati, numeri di telefono e cifre delle corruzioni annessi. E tutto finisce lì.

Già allora i benpensanti ce l'avevano con i professionisti dell'antimafia, gente poco seria che sollevava un gran polverone per fare carriera, disturbando le persone serie che la mafia la combattevano in silenzio. Peccato che c'erano le statistiche: dopo l'assassinio del generale Dalla Chiesa gli arresti dei mafiosi e i sequestri dei loro beni erano scesi a cifre risibili. Peccato che il pluriomicida Agostino Badalamenti se ne stesse in clinica invece che all'ergastolo con tanto di certificati medici accettati dalla magistratura; peccato che l'ergastolano Vernengo avesse potuto andarsene dall'ospedale portandosi via anche il televisore, e che gli assassini del capitano dei carabinieri Basile venissero regolarmente salvati dal carcere a vita dalla Cassazione; peccato che tutti gli ufficiali di polizia coraggiosi venissero mandati al massacro.

Ma improvvisamente, dopo le disfatte elettorali, dopo il crollo della partitocrazia, ecco la svolta, la rottura del patto scellerato, il governo che non garantisce più le sentenze a favore dei mafiosi, la vendetta terroristica della mafia che assassina Salvo Lima. Ed ecco che tutto ciò che sembrava impossibile, irrealizzabile, complicato diventa fattibile, arriva a Palermo come procuratore il giudice Caselli che ha fatto la guerra al terrorismo, i capi mafiosi sloggiano dalle cliniche e finiscono nelle isole, i latitanti vengono catturati, i pentiti parlano e vengono ascoltati. Ma una simile anormale normalità può durare? No di certo, i postcomunisti sono persone oneste, nemiche della mafia, ma sono politici attenti al TINA, al non c'è alternativa. Così, per avere il via libera alle riforme della Bicamerale, lasciano che la giustizia si riformi o venga di fatto riformata mettendo sotto indagine i giudici di Mani pulite. «Penso» dice il procuratore Borrelli «a cosa direbbe la buonanima di mio padre magistrato se sapesse che suo figlio magistrato è diventato plurindagato.» Si riforma anche la politica che lotta con la mafia, vicepresidente della commissione antimafia diventa l'ex giudice Filippo Mancuso, nemico acerrimo di Borrelli, di Caselli e di quanti stanno in prima linea contro l'«onorata società».

Scomparso il giudice Carnevale arriva il giudice Mancuso, scomparso Sciascia arriva Emanuele Macaluso, ma la specie italiana che ha sempre qualcosa da ridire su chi fa sul serio la lotta alla mafia è eterna e implacabile. Per tante ragioni, di cultura e di interessi, di conservazione e di corruzione.

Una ragione culturale è che nelle province del Sud il valore dell'intelligenza è preminente e ossessivo. Tutti gli altri valori, come l'onestà, la tenacia, l'affidabilità, il coraggio, anche se coltivati vengono dopo, sono in certo modo trattabili. L'intelligenza no, essa è indiscutibile. In quasi mezzo secolo di giornalismo ho rarissimamente incontrato nel nostro Mezzogiorno uomini di cultura e di potere disposti a concedere che possa esistere qualcuno più intelligente di loro, soprattutto in materia di mafia. Ho sempre sentito nel corso delle conversazioni quel sottinteso da Gattopardo verso il povero Chevalley, funzionario sabaudo: ma cosa vuoi capire della Sicilia e della mafia? In questo culto della propria superiore e indiscutibile intelligenza su tutto ciò che riguarda la sicilitudine Leonardo Sciascia era arrivato a vette di raffinatezza. «La mafia» mi disse su una terrazza di villa Igiea davanti a quel mare e a quelle montagne misteriose, «si è concessa il lusso di una commissione antimafia.»

Nel gioco delle superintelligenze domina il rovesciamento delle parti che sbalordisce i non intelligenti. La commissione antimafia non è voluta dal governo ma dalla mafia, coloro che lottano contro la mafia non sono persone oneste, ma professionisti dell'antimafia, giudici come Caselli, che hanno capito l'importanza dei collaboratori di giustizia e la necessità degli incentivi per chi sta in prima linea, non sono dei cittadini che tentano di liberare la Sicilia dalla piovra ma dei colonizzatori che si muovono in Sicilia come i cacciatori di taglie nel West. A volte di fronte a queste allucinazioni della superintelligenza vien da pensare a Lucifero, che era tanto intelligente che finì ad arrostire nell'inferno.

Poi ci sono le ragioni della conservazione: la convivenza secolare con la mafia, con il doppio stato, con la doppia morale si è tradotta negli anni in un modo di vivere, in un modo di pensare che spiega in parte il culto della superintelligenza. Solo chi la possiede, solo chi conosce i segreti rapporti fra i due stati e le due morali può sperare di sopravvivere. Il vuoto che si creò a Palermo attorno al generale Dalla Chiesa non era solo il vuoto della paura o della complicità, era anche il vuoto della conservazione: ma che vuoi, tu, carabiniere piemontese? vincere la mafia con cui noi da secoli abbiamo rapporti di potere e di conoscenza, di abitudini e di astuzie?

Una cosa che i non intelligenti hanno estrema difficoltà a capire è che la convivenza dei possidenti siciliani con la mafia è drammatica e insopportabile solo per una minoranza, a tutti gli altri le pistole mafiose fanno molto meno paura della legge, della trasparenza, della fine dei privilegi e delle protezioni. Lo ha detto in modo brutale ma esatto il giudice Di Lello: «Qui, della lotta alla mafia non gliene fotte niente a nessuno». A questo punto anche ai non intelligenti viene una voglia di paradosso: forse il giudice Caselli e il suo pool continuano la lotta dura e senza paura contro la mafia perché da non intelligenti possono far finta di non capire, possono far finta di non sentire l'aria sciroccosa che sta man mano paralizzando tutte le «mani pulite» della penisola. Un torinese salesiano come Caselli può capire cosa è la sicilitudine mafiosa? No, non può, è troppo corto, e così continua a mettere in galera i mafiosi, continua a dire che non bisogna abbassare la guardia.

Ma non è solo della sicilitudine, non è solo della superintelligenza ossessiva la voglia di conservare le specialità corrotte del nostro paese con le loro complessità e mistericità. Il rapporto fra il Gattopardo e Chevalley va bene anche all'affarismo nordista e alle sue manifestazioni localiste. Se la mafia non ci fosse qualcuno dovrebbe inventarla. Che c'è di meglio per abolire la libera concorrenza che un rapporto mafioso? Come ottenere sussidi statali, finanziamenti a fondo perduto, sanatorie fiscali meglio che nell'universo mafioso?

La speranza di vincere la mafia e la camorra, e in genere la malavita organizzata, non è mai stata poliziesca. Tutti i grandi poliziotti e giudici che hanno lottato contro la mafia sono stati ben consci di questo limite. La speranza di vincere la mafia era che al Sud ma anche al Nord i cosiddetti operatori economici si convincessero che la legalità era più redditizia dell'illegalità. Non è andata così, in questi ultimi decenni i superintelligenti del Sud e i non intelligenti del Nord si sono convinti del contrario: che i guadagni maggiori e più facili si facevano nell'illegalità, che era conveniente adattarsi a un'economia e a una finanza malavitose. Come spiegare altrimenti l'ostilità, il dileggio, l'intolleranza di buona parte dei politici, dei burocrati e dei media verso coloro che insistono a far la guerra alla mafia? Come spiegare altrimenti che si concedano attenzioni e alti incarichi a personaggi come Filippo Mancuso, che senza timor del ridicolo dice: «La materia dei doveri non è transigibile»? Intelligentissimo.

L'offensiva contro i giudici di Mani pulite procede implacabile: potremmo dire che essa è l'unico vero obiettivo dell'opposizione e, magari, dell'intero sistema politico. In prima fila personaggi rinviati a giudizio che difendono interessi personali, seguiti da vicino dai «garantisti» di tutti i partiti.

La rivoluzione civile dei giudici ha messo in discussione l'egemonia della politica, ha sottoposto il sistema politico a un continuo smottamento, gli ha fatto perdere la faccia umiliandolo con i rinvii a giudizio e le condanne. Per mezzo secolo il ceto politico italiano, assieme al grande capitale, era rimasto impunito; persino dopo l'insurrezione fallita dei comunisti in seguito all'attentato a Togliatti si era trovato il modo di assolvere i suoi dirigenti e di far volare solo qualche straccio. Gli eredi del PCI avevano dei cadaveri negli armadi non meno dei democristiani e dei socialisti, ma la lotta politica non contemplava esami di coscienza, come se varcata la soglia dei palazzi del potere i delegati del popolo assumessero un'altra cittadinanza, superiore alle leggi, protetti dal non luogo a procedere. Tuonavano contro l'evasione fiscale e la praticavano con i loro fondi neri, stigmatizzavano l'esportazione di capitali e avevano conti protetti in Svizzera e nel Lussemburgo, condannavano la mafia e ne contrattavano i voti.

Ora il mondo politico si è saldato nel fermo proposito di far pagare alla magistratura coraggiosa la sua mancanza di rispetto e di reverenza. L'attacco è polifonico: ci sono gli urli dei deputati d'assalto che vanno a testa bassa contro gli indagatori dei delitti più turpi, ci sono diffamazioni, persecuzioni. L'opposizione lo ha detto chiaro e tondo: se il governo vuole il suo appoggio per entrare in Europa deve riformare la giustizia, un eufemismo per dire affossarla. E il PDS, pur facendo lo sdegnato se lo si rimprovera di accodarsi, ha votato per un presidente dell'Antimafia morbido come Del Turco, ha silurato Pino Arlacchi che era di gran lunga il più adatto, ha lasciato che alla vicepresidenza arrivasse un ex giudice reazionario come Filippo Mancuso che ha subito preso posizione contro i collaboratori di giustizia o pentiti che sono lo strumento più importante per la lotta contro la mafia.

Risulta, insomma, che agli occhi dei nostri politici i giudici coraggiosi sono molto più pericolosi della mafia. Con la mafia possono coesistere, e magari riceverne i voti, con i giudici possono finire in galera. È in corso in questi giorni la grande manovra sui pentiti. Partendo dal fatto obiettivo che la gestione dei pentiti contempla anche dei rischi, si è modificata la legge che li riguarda e con le promesse e le minacce, con la corruzione e l'intimidazione i pentiti più deboli o più canaglie ritrattano le confessioni, dicono che sono state estorte, e la destabilizzazione dei giudici passa attraverso giornali e telegiornali annuncianti colpi di scena. Il garantismo diventa ricatto, come osserva Stefano Levi Della Torre: «Se voi colpite la nostra criminalità, le perdite saranno maggiori dei profitti; legge o non leg-

ge, lasciateci lavorare e badate alla microcriminalità».
Quasi le stesse parole che un procuratore di Palermo
rivolse al pool di Falcone, Ayala e Borsellino: ma che
volete, rovinare l'economia siciliana?

Il segretario del PDS Massimo D'Alema ha considerato un'eresia l'avere io scritto che i giudici di Mani pulite sono stati l'avanguardia di una rivoluzione civile. I
giudici che fanno una rivoluzione passando sopra i
partiti? La rivoluzione civile è qualcosa di incomprensibile per i nostri politici. Il fatto che la magistratura
osi far rispettare la legge anche contro gli interessi dei
partiti appare intollerabile, subito diventa usurpatrice,
cospiratrice, sovresposta. Bisogna fermarla, bisogna
toglierle le indagini più delicate.

L'elenco delle indagini insabbiate è lungo. Indagine
sulla P2: i magistrati Turone e Colombo che hanno
scoperto gli elenchi degli affiliati a villa Wanda vanno
a Roma per informare il capo del governo Arnaldo
Forlani. Li riceve nell'anticamera il capo di gabinetto
Mario Semprini, tessera di affiliazione alla P2 numero
1637. Dal mattino si capisce come sarà la giornata,
dopo dieci anni una Corte d'Appello assolverà il venerabile Gelli per la strage di Bologna, dopo quindici la
Cassazione annullerà la condanna per la vicenda P2.
Poi c'è il processo ai dirigenti dell'IRI che si procurava-
no i fondi neri da passare ai partiti lasciando nelle
banche i crediti dell'istituto senza denunciarne gli interessi. Tutti assolti. «Quel mattino ero pieno di rabbia»
ricorda il giudice Colombo «dominato dall'impulso
che solo a fatica avevo vinto di salire sul palco di un
convegno al Consiglio superiore della magistratura
dove avrei dovuto tenere una relazione e annunciare le
mie dimissioni dicendo pubblicamente ai colleghi che
non ne valeva la pena. La prima tentazione è proprio

quella di andarsene. Poi prevale la consapevolezza che si tratterebbe di un gesto clamoroso ma inutile, una scena che ha poco a che fare con quello che sono. E allora mi tengo la delusione, la relego in un angolo della mia mente dove possa dare il minimo fastidio possibile permettendomi però di ricordare che lì c'è qualcosa che oltre a far male conferma il mio modo di essere e mi insegna ancora qualcosa.»

Dove sono finiti i grandi scandali del petrolio e dei generali della guardia di finanza che vi partecipavano? Dove lo scandalo Enimont? Un magistrato milanese, Gerardo D'Ambrosio, ha fatto di recente una dichiarazione gravissima: «I grandi corruttori grazie ai loro abili avvocati continueranno a godere dei loro bottini». Sono avvenuti e avvengono fatti incredibili. Una sentenza ha costretto l'IMI, istituto pubblico, a pagare un risarcimento miliardario agli eredi di Rovelli, industriale chimico che in vita sua aveva succhiato allo stato centinaia di miliardi. Gli avvocati che hanno fatto vincere la causa agli eredi sono stati ricompensati con decine di miliardi, incassati all'estero, di cui non si è più saputo nulla. Dice ancora il giudice Colombo: «L'establishment italiano, il mondo che conta matura, con spostamenti quasi impercettibili, una specie di avversione a Mani pulite, quasi che il continuare a mettere a nudo l'illegalità diffusa infastidisca, disturbi, rappresenti un intralcio per la politica e per la gestione della cosa pubblica».

Ma questo vale non solo per il nostro paese. In tutta Europa la difesa del ceto politico è automatica, dovunque si accorda diritto di asilo politico anche a fior di furfanti, di terroristi, come a rivendicare un potere della politica simile a quello della chiesa. Le rogatorie presentate dai nostri magistrati per avere documenti e

informazioni sui personaggi di Tangentopoli sono andate quasi sempre disattese, solo la Del Ponte di Luga-
no ha collaborato, gli altri hanno risposto di essere già
troppo occupati con le loro faccende o sono ricorsi al-
l'arte del cavillo, scusa ingegnosa per affossare la giustizia.

VIII

I conti ballerini

Le grandi finanziarie milanesi stanno fra le vie Manzoni e Ciovassino: uffici a colori pastello, grigi, turchesi della ricchezza discreta. Le impiegate eleganti non sono proprio impiegate, appartengono semmai alla burocrazia sexy delle hostess degli aerei, furtivi pensieri erotici. Curate come le moquette, i fiori, i mobili, i telefoni, le lampade di uffici senza mobili da ufficio, dove il denaro non si vede ma è onnipresente, nella luce dolcemente soffusa.

Gli uomini della finanza milanese sono tecnocrati moderni che seguono il consiglio di Svetonio «Tosa la pecora senza scorticarla». Hanno fama di guadagnare con operazioni geniali, mondiali di cui si mormora, ma, per certo, lucrano sulle rendite di posizione, liquidazioni di eredità, consultazioni all'alba degli annunci funebri, in stretta collaborazione con avvocati e commercialisti. Il loro banco vince sempre, segue il saliscendi della speculazione e incassa le percentuali, e questo è il loro vero mestiere assieme a Monopoli e alla mungitura del denaro pubblico.

Il genio della finanza milanese e italiana è Enrico Cuccia, un novantenne che per decenni ha ripianato i debiti delle grandi famiglie con i soldi dei risparmiatori e dello stato, ma con eleganza e assoluta discrezione. Un giocatore di Monopoli senza pari. Recentemente ha tentato di fabbricare la Grande Gemina con decine di aziende come mattonelle di Lego, ma gli è andata buca. Ora ci ha riprovato cercando di mettere assieme la Marzotto e la sua scia di tessili con il «Corriere della Sera». I più soddisfatti erano gli stilisti che avevano trovato un padrone amico. Ma è andata male anche stavolta. Pietro Marzotto è un uomo simpatico, ma non un uomo facile, la prima intervista che gli feci e sottoposi al suo controllo mi tornò per fax completamente maciullata. Cose che capitano.

Dato che per il mio lavoro incontro imprenditori e finanzieri, godo di un immeritato credito presso gli impiegati di banca addetti alla Borsa, che passano la giornata al telefono a scambiarsi voci e ipotesi strampalate apprese dai giornali economici, bravissimi a riportare il prezzo del grano al mercato di Chicago o del rame in Bolivia, ma che di un mercato immobiliare isterico come quello italiano sanno poco o niente come noi: «Dice di vendere, dottore?». Il ministro delle Finanze Visco si è lamentato con «la Repubblica» perché ho scritto che le tasse sono aumentate, dice che non è vero, che anzi la pressione fiscale è diminuita, ma non dice dove abbia preso gli oltre ottantamila miliardi delle finanziarie. Sui conti, nel nostro paese, c'è poca certezza, non c'è neppure sulle bollette dell'elettricità o del telefono: sostengono che sono state ridotte e trovi che sono più care di prima per incomprensibili retroscena di fasce orarie, tasse abolite e rimesse, sconti approvati e rimangiati.

Negli anni in cui l'inflazione era al venti per cento Milano era «da bere», gioiosa, piacevole. L'inflazione era una specie d'influenza, una faccenda stagionale: arrivavano i giorni del freddo economico e lo stato stampava cartamoneta senza avvertire i sudditi. Dopo un po' le corporazioni forti e i loro sindacati correvano ai ripari, si facevano aumentare in proporzione salario e stipendi; gli altri venivano tosati e tacevano.

Ho conosciuto nella mia vita due periodi di euforia totale, trascinante, dell'informazione ed erano periodi di povertà nera, di lacerazioni sociali feroci. Nell'immediato dopoguerra, quando gran parte delle città, delle ferrovie, delle fabbriche era distrutta, non c'era riscaldamento e fra Sestri e La Spezia si viaggiava sui carri merci in convoglio perché c'erano i banditi sul Bracco. Ma ci sentivamo padroni del nostro destino. E poi negli anni della grande migrazione, quando i meridionali dormivano nelle topaie di Torino e di Milano, dieci per stanza. Ma era il boom economico.

In nessun periodo della Repubblica c'è stata la lamentazione ossessiva di oggi che il nostro reddito medio annuo pro capite non è distante da quello americano, quasi quaranta milioni loro, trenta milioni noi, come gli altri grandi paesi europei. Essere ricchi non basta, perché ad aver paura della povertà non sono i poveri ma chi ha qualcosa da perdere, cioè i due terzi degli italiani. Il direttore generale della Confindustria che conosce i suoi polli, Innocenzo Cipolletta, ha scritto che i ricchi la povertà se la inventano per scaramanzia, parlano continuamente del «rischio povertà». Il compito di far sapere ai ricchi che il posto dei poveri è già occupato spettava un tempo alla letteratura socialista alla De Amicis e a quella cattolica delle parrocchie: la visita delle benefattrici torinesi alle soffitte gelide di Porta Palazzo, gli oboli per le missioni «dove i bambini muoiono di fame». Qualcosa del genere lo fornisce oggi

Fausto Bertinotti, rivoluzionario governativo. La simpatia che lo circonda, lo spazio che giornali e televisioni gli offrono servono a confermare che la povertà c'è ancora e che ne è garante questo sovversivo di buone maniere e di abiti eleganti, una specie che si riproduce nella sinistra italiana.

La felicità di sapere gli altri infelici è sempre grande, sentire Bertinotti dire che proletari e poveri ci sono sempre rincuora. L'elogio ipocrita della povertà non è più di moda, a destra come a sinistra si sa benissimo che oggi un uomo viene pesato a soldi, che il denaro e l'agiatezza rendono l'uomo più libero, più sano, più tollerante; come aveva intuito quel padrone di scagno genovese: «Dicono che il denaro non dà la felicità. Figuriamoci senza».

Oggi anche chi non è esperto del meccanismo capitalistico ha accettato certi fenomeni in apparenza misteriosi: per esempio che i soldi dei poveri fanno una fatica d'inferno a crescere anche di un solo millimetro, mentre quelli dei ricchi, a lasciarli fare, si moltiplicano da soli. Sì, abbiamo accettato che nel capitalismo ci siano per i ricchi dei misteri gaudiosi: puoi sommare inflazioni, incauti acquisti, ristrutturazioni, interessi passivi, ammortamenti, tasse ereditarie, ma grasso che cola per loro ce ne è sempre.

L'incertezza dei conti, la loro inattendibilità, l'ansia che ne deriva producono una certa eccitazione da casa da gioco, da lotteria. Del resto, non furono i nostri avventurieri e cortigiani settecenteschi a esportare nelle corti europee la passione per le lotterie, il faraone e la zecchinetta? Siamo un popolo che gratta sperando di vincere e che, deluso, si infuria.

L'aspetto nuovo e per certi versi trucido della storia

dell'ignoto di Castelbellino, prima baciato poi deluso e per finire reintegrato dalla fortuna di una lotteria miliardaria, è stato l'immedesimazione di milioni di italiani. L'intera Italia televisiva, che è poi la sola Italia esistente, delira per bramosia di denaro. Non c'è trasmissione o quiz in cui piogge di monete d'oro non scendano dall'alto per tubature trasparenti sotto luci psichedeliche. I vincitori partono per i Tropici su una Cadillac, senza neppure passare per casa a prendere la biancheria di ricambio.

Giuseppe l'ebreo interpretava i sogni e teneva i conti con il pallottoliere, ma faceva previsioni sicure per il faraone, sette anni di vacche grasse e sette di vacche magre. Ora i conti del governatore della Banca d'Italia Fazio sono diversi da quelli del ministro del Tesoro Ciampi, che non collimano con quelli del presidente del Consiglio Prodi, il quale è in dissenso con quelli della Bundesbank. L'unico che sappia far di conto in Italia, il ragioniere generale dello stato Andrea Monorchio, è smentito e svillaneggiato quando si permette di sottoporre a una commissione parlamentare le esatte previsioni di bancarotta della previdenza. La cosa ha suscitato lo sdegno dei politici e dei sindacalisti che hanno messo assieme un debito pubblico di due milioni e passa di miliardi. Ma questo è un argomento tabù. I parametri di Maastricht sono così ferrei che ognuno li manipola o elude a suo grado: chi mette nel conto delle entrate le liquidazioni accantonate dalle imprese, chi ricorre alle entrate tampone, a una tantum come la tassa sull'Europa, chi modifica il campione dell'inflazione. E tutti hanno l'aplomb, l'aria saggia e severa del banchiere del film *Ombre rosse* che fugge su una diligenza nel Far West con la valigetta piena di dollari. Il malinteso è diventato una formula sovrana, anche fare i finti sordi e i finti tonti, come in certi dibattiti allucinanti della nostra televisione con i più autorevoli rappresentanti della sinistra o della destra a cui l'intervistatore chiede: «Quali riforme volete fare?». «Riforme strutturali, riforme che restino nel tempo.» «Sì, d'accordo, ma con quali soldi?» «Forse lei non ci ha capito, abbiamo detto riforme strutturali, non una tantum, riforme che durano.» Il poveretto insiste: «Sì, ma con quali tagli di spesa?». «Lei non ha letto il nostro programma che parla di tagli strutturali.» Il vaniloquio si perde nel sonno. Le cifre, le somme, le moltiplicazioni esatte non procurano voti. È del tutto pacifico che aumentando l'età media, diminuendo il numero dei giovani e dei posti di lavoro fra pochi anni non ci saranno più i soldi per pagare le pensioni, ma il sindacalista Cofferati fa uno dei suoi sorrisini cinesi e i suoi due compari, D'Antoni e Larizza, ridono anche se non c'è niente da ridere.

Il giornale italiano che presso i nostri governanti gode di maggior prestigio è «Il Sole-24 Ore», l'organo della Confindustria, cioè il giornale dei padroni. C'è chi pensa che il miglior editore possibile in un sistema capitalistico sia un buon padrone: a forza di fingersi un democratico un po' lo è diventato o, almeno, ha un certo ritegno per la retorica. Ma, insomma, chi anni fa avrebbe previsto che il giornale dei padroni sarebbe parso il più attendibile alla nostra sinistra? Chiedono ai due leader della sinistra Prodi e D'Alema quali siano i giornali che leggono per primi. Rispondono: «Il Sole-24 Ore» e l'«Herald Tribune», cioè due status symbol più che due giornali.

Intanto i quotidiani indipendenti, vale a dire quelli che dipendono dai grandi padroni, sono stati presi da una frenesia monetaristico-economicistica e più forniscono informazione drogata, contraddittoria, falsificata, più ne aumentano gli spazi. Anni fa il bollettino di Borsa era una colonnina nelle pagine interne, ora non bastano due pagine più commenti e inserti. Una falsa informazione per un termometro impazzito. Un amministratore delegato della Mondadori dà le dimissioni per i fatti suoi, non dell'azienda, e il titolo scende del dieci per cento; la votazione di una commissione parlamentare, totalmente ininfluente, boccia gli incentivi alle vendite di automobili e il titolo Fiat scende, salvo risalire non tanto perché le vendite sono aumentate quanto per una voce sulla fusione dell'IFI con la IFIL, che se non è zuppa è pan bagnato, essendo entrambe di proprietà degli Agnelli.

Gridare al lupo sapendo che non c'è, parlare e scrivere di sfascio e risvegliarsi l'indomani con il conto in banca intatto è uno dei piaceri di questo tempo. Una cosa è assolutamente certa: la spesa pubblica è incontrollabile, ciò che una legge vieta un'altra lo permette, i modi per battere cassa sono infiniti, passano dovunque. Quanto a dire che governare questo paese è impossibile. Ma tutta la gran macchina dell'informazione, della politica, dell'amministrazione finge che lo sia, si pone traguardi precisi: nel 1998 entreremo nell'unione monetaria, nel 2000 sistemeremo la previdenza e il debito pubblico sarà sotto controllo. Si vorrebbe chiedere: ma perché allora continua ad aumentare di oltre centomila miliardi l'anno? Ma si fanno domande così?

Anni fa, al mio primo viaggio americano, mi stupiva e mi infastidiva la parola «dollaro», ripetuta continuamente come misura di tutte le cose materiali e immateriali, come insostituibile pietra di paragone di tutto ciò che succedeva al mondo, fabbricazione di oggetti o matrimoni, delitti o pene, amore o morte. Ora anche da noi la lira è l'apostrofo di tutti i discorsi, l'interiezione inevitabile, senza di lei non riusciamo più a capirci, a comunicare, cultura e sanità, ecologia e accoglienza senza le lire sono pure astrazioni.

Forse, sempre per scaramanzia, tendiamo al catastrofico. Il Nordest veneto viene descritto come una colonia sotto pesante occupazione straniera da parte dei nemici romani, le sanguisughe stataliste: uffici caotici, piste quasi impraticabili al posto delle strade, torme di gabellieri avidi. Accanto al *cahier de doléances* c'è magari una notiziola secondo cui gli imprenditori di quella sventurata regione sono fra i massimi evasori fiscali e hanno profitti in crescita come a Singapore. La stampa italiana si è ampiamente occupata di un progetto di fuga in massa degli industriali del Nordest veneto. Quasi cinquecento titolari di imprese accolti a Klagenfurt, Carinzia, da colleghi austriaci in brache di cuoio, cappelli piumati e boccali di birra, lontani da Roma ladrona, pronti a trasferirsi con armi e bagagli dove gli operai non fanno scioperi e le autorità locali sono felici di regalare terreni e infrastrutture. Ogni tanto i nostri padroncini scoprono dei paradisi industriali: la Savoia, la Polonia, l'Austria, persino l'Albania. Poi il miraggio scompare e torna il mugugno. La notizia che negli ultimi sei mesi del '96 la Fiat ha fatto millecinquecento miliardi di utili è sembrata una cattiva notizia, mentre trascurabile è parsa l'altra, del commercio con l'estero che presenta un saldo attivo in un anno di quasi settantamila miliardi.

Anni fa le oscillazioni erano ben definite: nei periodi delle vacche magre la gente si metteva a risparmiare anche sul pane e sul latte, poi venivano le vacche grasse e andava dietro i suoi sogni in vacanza alle Bahama o alle Maldive. Adesso le due cose sono contemporanee: i negozi si svuotano ma gli aerei per i Tropici sono pieni, come ci fosse stato un impazzimento nei nostri riflessi condizionati.

Piove ed è già alluvione, e non fa tempo a spiovere che consigli municipali e regionali hanno proclamato lo stato di emergenza e chiesto migliaia di miliardi allo stato, che minaccia di crollare se non chiude i cordoni della borsa, ma come si faccia a chiuderli non lo sa. La parola d'ordine è: tagliare la spesa pubblica, eppure il turn over è sconosciuto nei pubblici uffici, a cominciare dalla RAI: arrivano i nuovi ma i vecchi restano con gradi e stipendi, purché si defilino. Il Parlamento, che è per l'austerità, vota in continuazione nuove leggi di spesa, 217 nell'ultimo triennio; il ministro dell'Agricoltura nel governo Berlusconi, la professoressa Adriana Poli Bortone, ha presentato la proposta di un finanziamento per le carriere universitarie, la sua, e per il sostegno ai pescatori pugliesi danneggiati dal colera, i suoi elettori. Ci sono centinaia di progetti per case da gioco, zone franche, carnevali, persino per agevolazioni fiscali in favore delle biciclette. Carnevali anche a Gela, anche a Crotone? Ma che c'è da festeggiare a Gela o a Crotone? La riforma burocratica del buon Sabino Cassese è naufragata in una palude fangosa. I tagli vengono subito corretti o rimangiati: le automobili blu dei quarantamila notabili prima tolte e poi restituite con tanto di scuse anche ai capi ufficio stampa di ministri, sottosegretari, enti, aziende, persino al Governatore generale delle acque di cui nessuno conosceva l'esistenza. C'è qualcosa di puerile in questo attaccamento ai piccoli privilegi, per esempio alle scorte per le persone che non corrono il minimo pericolo: ma che figura se i vicini non vedono più davanti alla porta di casa la macchina della polizia. Craxi ne aveva otto di guardaspalle e li voleva in abito blu, sbarbati e stirati.

I più accesi sostenitori della lotta all'evasione fiscale appartengono a due categorie: quelli che non pagano le tasse perché il loro reddito non è tassabile o quelli dei lavori autonomi che non le pagano perché sanno che la macchina dei controlli è scassata o inesistente, come ha avuto l'amabilità di far sapere il ministro delle Finanze Visco. Ogni telefono può essere controllato, gli archivi computerizzati possono contenere miliardi di informazioni incrociate, ma l'evasione continua. Forse perché in Lombardia c'era ad uso degli alti ufficiali della Finanza un fondo comune di denaro concusso? Si presentano studi aggiornati, statistiche, proiezioni su questa maledetta evasione ma nessuno spiega perché sia la più alta d'Europa, con più di duecentoquarantamila miliardi non dichiarati. E siccome i conti ballerini consentono le ipotesi più assurde, i più arditi rovesciamenti delle parti, ecco esponenti dei sindacati autonomi di artigiani, commercianti, imprenditori andar dicendo che sono tutte invenzioni, un'evasione così alta è impossibile, non è proporzionata al reddito nazionale, è uno spauracchio usato da demagoghi e da governanti inetti. E le denunce dei redditi da cui risulta che i datori di lavoro guadagnano meno dei loro garzoni o manovali? Il presidente della Confcommercio Billè dice che le statistiche non penetrano nella realtà, non distinguono fra quelli che non pagano e quelli che pagano fino all'ultima lira, parla dei negozi che chiudono, di quelli divorati dagli usurai e dalle ingiuste gabelle. L'unica cosa che non dice mai è che un'evasione così non esiste in nessun altro paese europeo.

C'è una tradizione italiana ai dilemmi apocalittici, da Pietro Nenni che lanciava dall'«Avanti!» lo slogan «o la repubblica o il caos» a Massimo D'Alema che minaccia «o la Bicamerale o il disastro». Con questo uso a ruota libera delle parole, con questa divagazione fra disastri e trionfi, le nostre principali imprese e banche, la Montedison, la Gemina, l'Alitalia, il Banco di Napoli sono oggi un mare di rottami, un buco senza fondo salvo tornare fra qualche mese o anno, non si sa bene come, floride e sicure per investimenti e dividendi. A dire il vero si sa come: tutti i grandi buchi vengono in qualche modo ripianati dalle banche pubbliche, cioè dai risparmiatori. I più noti uomini della finanza, Cuccia, Rossi, Fazio, Ciampi passano la vita a trasferire nelle tasche dei privati più stolti e dilapidatori i soldi della comunità, rispettati e quasi venerati come re taumaturghi. Secondo la morale non ricusabile: non è giusto ma non c'è altro da fare. Televisione e giornali alzano cortine fumogene per nascondere i conti ballerini: che altro potrebbero fare se sono ballerini anche i loro e se sono usati dai padroni non come fabbriche di notizie ma come macchine per insabbiare o per minacciare? A volte di fronte all'annosa disfida fra i media del cavalier Berlusconi e quelli dell'ingegner De Benedetti verrebbe voglia di dire: perché non vi trovate domani all'alba dietro il convento dei Carmelitani scalzi per battervi alla spada o alla pistola? In pratica l'informazione ha rinunciato alla funzione di controllo del mercato, si tratti di automobili o di biscotti chi ha un consistente budget pubblicitario alle spalle è esente da ogni controllo. Il fiume delle notizie e delle immagini scorre, chi si è visto si è visto, quel che si è detto è già dimenticato. Pubblicità, telefonini, fax, registratori, gadget tecnologici: che cosa stanno combinando sulla nostra pelle? Nessuna paura: gli effetti veri li sentiranno i nostri figli o nipoti e si aggiusteranno anche loro, dopo tutto.

I falsi in bilancio si moltiplicano e gli imprenditori

ne parlano come una sorta di «legittima difesa» da un fisco che preleva il cinquantatré per cento dei redditi societari, ma non altrettanto da quelli personali. I mancati redditi delle società vengono coperti con doni dello stato a fondo perduto come quelli per la ricerca, o pagando dividendi ridicoli, fatto sta che dopo tanti pianti i profitti risultano in crescita. Qualcuno deve pur pagare. Anche i falsi in bilancio per migliaia di miliardi, queste arcane operazioni, sono trucchi da ladri di galline. Uno costituisce dei fondi neri fingendo di finanziare motoscafi da corsa, un altro nascondendo i soldi a Zurigo o nel Liechtenstein, un terzo facendo figurare come investimenti i fondi di magazzino. Diceva bene Raul Gardini del lavoro del suo amministratore delegato alla Montedison, dottor Garofano: «Ha scavato dei buchi per riempirli e svuotarli di merda». L'ineffabile dottor Garofano, il quale ha sostenuto che le tangenti versate dalla Montedison alla Democrazia cristiana erano sue personali oblazioni. La truffa più gigantesca ideata dal partito della provvidenza consisteva in questo: la RAI pagava a prezzo doppio i film acquistati dai produttori privati che davano sottobanco la differenza a dei funzionari corrotti. Tanto per capire l'inamovibilità e la potenza di certi funzionari RAI al corrente di questi eccellenti affari. Enormi le cifre, mediocrissime le operazioni, su per giù come la cresta che le domestiche fanno sulla spesa, come il furto di gasolio degli amministratori di condominio.

Nei tempi andati la massa della popolazione doveva arrangiarsi a sopravvivere cercando consolazione nella religione, nell'ascetismo o nel suo opposto, le ricorrenti carnevalate, ora la tosatura è più raffinata e la rassegnazione alla povertà riguarda meno di un terzo degli italiani. I conti sono ballerini. Quando apparve in televisione il programma Blob, una visione un po' paranoica della vita italiana, fatta con accostamenti anche ripugnanti, sembrò un nuovo manierismo, un gioco dell'assurdo, ora non è molto diverso dai notiziari ufficiali.

E poi c'è l'Euro, l'ossessione per la moneta unica europea, questo Euro che forse non ci sarà ma che è la nostra ancora di salvezza, non la moneta della nuova Europa, della rinascenza europea, ma una sorta di Maginot, di cintura fortificata, la difesa totale e illusoria di democrazie impaurite, lo scudo della moneta. Il continente che ha dato al mondo le sue arti e le sue scienze trincerato in una ridotta di banchieri. C'è aria da anno Mille, da caduta di Costantinopoli, il lago Mediterraneo è diventato un lago di sangue e di ferocie, di stragi razziali e di guerre religiose: italiani sono stati sgozzati in Algeria, sacerdoti e turisti assassinati dall'integralismo islamico, viaggiatori inermi uccisi dal terrorismo libico o siriano. C'è una sorta di disperazione in questa ossessione monetaria. Non siamo riusciti a fare l'Europa politica, l'Inghilterra sta in disparte, Francia e Germania inseguono poteri consolari, noi e gli spagnoli mendichiamo riconoscimenti; e non c'è Europa militare, né in Bosnia né in Albania abbiamo mandato un esercito europeo; non c'è Europa della cultura; non ci sono – voglio dire – le fondamenta dell'Europa e ne vogliamo fare una partendo dal tetto, dalla moneta?

Noi italiani in questa operazione Euro saremmo le cicale, gli svagati, i falsari di cui quotidianamente si lamentano i banchieri dell'Europa seria, ma guai ad aprire i loro armadi: la soluzione finale degli ebrei trasformata in un affare da svizzeri e tedeschi, il denaro sporco riciclato e la nuova Compagnia delle Indie, il commercio di armi e di droga.

L'Euro, la moneta forte, splendente, inossidabile, è un'attrazione fortissima per un paese che ha avuto dall'Unità monete cartacee stropicciate, dai colori sbiaditi, e monetine di cui si riempiono i portacenere. Avere finalmente anche noi monete da mettere nella rastrelliera, come i franchi svizzeri, i dollari, le sterline. Questa storia dell'Euro appassiona i banchieri e i governanti, che la usano nel tentativo di risanare i conti disastrati. Ma ci sono cose che non ci convincono: perché dobbiamo entrare in Europa se ci siamo già nei commerci legali e illegali, se dell'Europa siamo stati uno dei paesi fondatori? Perché temiamo di non entrarci se senza di noi sarebbe un'Europa zoppa, al massimo un accordo fra i più ricchi per dominare i meno ricchi?

Mai nella storia italiana, che pure ha conosciuto scandali di ogni genere, i fatti e misfatti dell'economia sono stati avvolti da tanta oscurità. Come ha fatto il ragionier Calvi a mandare a rotoli il Banco Ambrosiano, la banca dei prudenti risparmiatori cattolici? Come hanno fatto gli amministratori della Rizzoli, potentissima casa editrice, ad accumulare milleduecento miliardi di debiti, pare soprattutto nelle vendite rateali? Come è possibile che non si accorgessero che i magazzini erano pieni di copie invendute e le casse vuote per le rate non pagate? Come e perché gli abilissimi Agnelli si erano fatti rifilare dalla Fabbri un simile bidone? E Gemina, il «salotto buono» del nostro capitalismo, e la Olivetti, mitica azienda, e Ferruzzi dalle ricchezze che giungevano fino alla pampa argentina, e persino l'ENI, il colosso dalle fonti inesauribili, anche lui capace di dissipare ad uso dei politici più di mille miliardi? Poste in deficit cronico, ferrovie in dissesto, Alitalia prossima al fallimento, siderurgia in liquidazione, sanità al disastro, previdenza colabrodo. Ma possibile che siamo così inetti e dissipatori? Ma no, è sempre il vecchio gioco dell'IRI fascista convalescenziario delle aziende private dissestate, il solito irresistibile gioco di prendere il denaro pubblico o dei risparmiatori per rinsanguare o sostenere il grande capitale. A essere maledettamente rozzi si può dire che questi disastri sono stati in parte voluti e assecondati per rubarci sopra, perché quando una nave affonda tutti i controlli vanno a farsi benedire e di qualche fossa piena di merda in più o in meno nessuno se ne accorge. Quando in un'economia pubblica non si rispettano le regole del mercato, si spende più di quello che si incassa e i conti sono ballerini, qualcuno che ci ruba sopra non manca mai.

IX

Il paese complicato

«La repubblica è fondata sul lavoro.» «Chi non lavora non mangia.» «A ciascuno secondo il suo lavoro.» Di quando erano queste utopie, queste retoriche, questi dogmi? Di cento anni fa? Di mille anni fa? Nella Torino in cui ho cominciato a fare il giornalista la Camera del lavoro era uno dei punti topici della città, come la Fiat, come Porta Palazzo, come la Mole o il Cottolengo, noti a tutti, stelle polari. Oggi neppure i vigili urbani sanno dove sta, attorno alla casa dei lavoratori si è creato un vuoto sociale. Chi era la nostra fonte di notizie quando scendevamo nel Sud se non il Partito comunista? Oggi a Reggio Calabria nessuno sembra sapere dove sta.

Chi dà lavoro in questa Italia? Le scuole si svuotano, la pubblica amministrazione offre poco, dalle Poste dovrebbero andarsene in quindicimila, dalle Ferrovie in trentamila, cala l'occupazione industriale, la Fiat apre fabbriche in Polonia, Brasile, India, Marocco, gli stilisti non danno più lavoro alla Brianza ma a Singapore. Le grandi industrie dominano sempre nell'immaginario, ma sono anni che non producono più posti. Giustamente la nostra cultura industriale ha un certo ritegno a parlare del mercato mondiale, dovrebbe dire che per un operaio lombardo o abruzzese il mercato mondiale significa «hanno chiuso la mia fabbrica». Il lavoro manuale dipendente è diventato marginale rispetto al capitale e alla sua tecnologia e gli operai lo sanno, lo sentono, sanno che capitale e tecnologia conteranno sempre di più e il lavoro sempre di meno, non possono più credere né alla rivoluzione né all'avanzamento, la favola della partecipazione non incanta più, il comunismo è diventato, come dice Bertinotti, «un esercizio di intellettuali delusi dalla stupidità del capitalismo», una vaga speranza di una riprova. Ha vinto anche da noi il toyotismo, la ricerca esasperata dell'aziendalismo integrale, del patriottismo aziendale, il ritorno al presindacalismo. Ora nel Nordest ci sono imprese come quella di Rosso, produttrice di jeans, che occupano migliaia di persone senza sindacato, convinte che la trattativa personale o di gruppo con il padrone renda di più, pronte a vantarsi nelle trasmissioni televisive di lavorare anche le undici, le dodici ore al giorno, e vien da pensare alle lavoranti agricole del primo Novecento che cantavano «se otto ore vi sembran poche venite voi a lavorar».

Le previsioni risultano quasi sempre erronee. Si pensava che il calo demografico avrebbe in parte risolto il problema dell'occupazione, per la prima volta nel 1993 i nati erano meno che i morti, dunque meno bocche da sfamare e meno disoccupazione, ma la disoccupazione è oggi uno dei problemi centrali. È fallito anche l'egualitarismo, la sua moda, la sua follia, le richieste del sindacato di aumenti uguali per tutti.

Nei testi di Toni Negri e di «Potere operaio» si diceva che il lavoro non era più un problema e che la rivoluzione tecnologica sarebbe stata la cornucopia generale. È nata invece una nuova meritocrazia, nuove costellazioni di élite: fabbri, elettricisti, parchettisti, falegnami, esperti in condizionatori d'aria e in antifurto che seguono il loro impresario o l'architetto o l'ingegnere, un concerto ben composto che assicura un potere quasi indiscutibile nei preventivi e nello stato di avanzamento dei lavori, senza che nessun sindacato ci metta becco, senza che i politici possano offrire protezione o incentivi. Sono i nuovi ricchi, senza notorietà sociale, senza responsabilità sociale. Le loro task force arrivano dappertutto.

Non si è ancora capito se la rivoluzione dei computer abbia vinto o perso. Ce ne sono dovunque, la burocrazia ne ha acquistato in grandi quantità, ma non ha diminuito la propria sovrabbondanza, spesso non sa usare le nuove tecniche, continua a rilasciare lentamente certificati che si certificano l'uno con l'altro, di cui ogni ufficio vuole una ripetizione, dieci, venti certificati per avere il rimborso di un'auto rubata o una sostituzione di patente. La rivoluzione tecnologica ha ridotto la fatica, questo sì, nelle fabbriche e negli uffici, ma i lavori più intelligenti non si sono visti, i bigliettai delle autostrade o i controllori dei tram o delle ferrovie, gli impiegati per tutti i generi di sportello continuano nei lavori idioti.

La riduzione dei reati non c'è stata. La sensazione generale è che sia passato il tempo del protagonismo europeo, che non saremo più in prima fila nella trasformazione economica, che forse diventeremo un'Australia, un continente ricco ma senza anima, senza cervello. Soddisfatto il bisogno di cibo sono arrivati i bisogni della droga, le scorciatoie, la vita facile, la delinquenza giovanile che si è triplicata nel decennio 1983-93.

Il mercato del lavoro è contraddittorio. A un bando del pubblico impiego per venti posti rispondono in cinquantamila, ma i lavori in cui ci si sporca le mani sono stati lasciati agli immigrati, pochi accettano di spostarsi, le donne sembrano risucchiate dai lavori domestici. L'italiano medio si riserva il diritto di scelta, molte famiglie mantengono il figlio disoccupato in attesa che arrivi l'offerta giusta, dignitosa. Si accettano solo lavori che hanno un camuffamento modernista, come quello dei pony che vanno in giro su motorette rombanti con radioline ricetrasmittenti. Il modernismo viene pensato come partecipazione ai simboli e agli svaghi dei ricchi, per iscrivere il figlio a una maratona cittadina o a una gara di sci lo si dota di abiti e di attrezzature raffinate.

La televisione è al centro di mitomanie giovanili, si fanno carte false per entrarci come impiegate, truccatrici, trovarobe, pur di sentirsi comunque vicini al mondo dello spettacolo, e si spende l'intero salario per vestirsi come le attricette o le cantanti.

Fra le molte previsioni sbagliate c'è anche quella di una ripresa della migrazione interna. Al Nord, si pensava, ci sono aree di piena occupazione in cui si importano operai dall'Est europeo o dal Terzo Mondo. Prima o poi riprenderà la corsa dal profondo Sud. Non è andata così, per ora il lavoro non si muove. Non esiste più, fin che dura lo stato sociale, la molla della sopravvivenza, la redistribuzione del reddito nazionale è arrivata agli strati più umili, tutti hanno pensioni, sussidi, lavori in nero e anche soldi della malavita. Quando i cronisti chiedono a giovani del Sud come fanno a vivere, spesso si sentono rispondere «ci aggiustiamo». I costi della migrazione interna sono aumentati e non di rado sono proibitivi. Il costo della vita a Palermo è del trenta per cento inferiore che a Milano e il salario maggiore non compensa la differenza. Il bracciante agricolo di Bari che andava alla Fiat di Torino negli anni Sessanta aumentava i suoi introiti del cinquanta per cento e aveva un posto permanente, si adattava perciò a condizioni durissime di vita, a dormire in dieci in una stanza, a costruire le baracche nelle «coree». Oggi anche nel Sud la casa è spesso di proprietà delle famiglie, mentre gli affitti al Nord variano fra le seicentomila lire e il milione al mese per un monolocale. Un assessore del comune di Messina ha avuto l'idea di creare un sito Internet per ricevere le offerte di lavoro: http://www.comune Messina. Poche domande sono arrivate, pochissimi si sono presentati. I disoccupati della valle Peligna si dicono disposti a lavorare a salari inferiori alla media pur di restare a casa loro ma nessuno li ascolta. L'istruzione professionale al Sud è bassissima, non si formano gli operai specializzati di cui si ha bisogno, sei alunni su dieci delle scuole dell'obbligo non hanno biblioteca, nove su dieci non dispongono di laboratori.

La crisi della borghesia italiana come classe egemone era già visibile negli anni di piombo: il terrorismo non la considerava il vero nemico, uccideva e gambizzava i servitori dello stato, i politici, i magistrati, i poliziotti, ma i grandi borghesi si limitava a sequestrarli per far soldi. Quel terrorismo classista e rivoluzionario non aveva in realtà una classe da abbattere. Nei giorni più duri degli anni di piombo, quando il Partito comunista cercò di organizzare la denuncia dei sospetti terroristi, i quartieri dove il tentativo cadde nel vuoto furono quelli residenziali della borghesia ancora ricca ma irresponsabile.

Nella società senza classi che si va formando, la borghesia ha perso stile, valori e anche protervia mano a mano che la lotta di classe si affievoliva. Ora la corruzione è un lubrificante generale. Buoni e anche ottimi professionisti i borghesi italiani, medici, ingegneri, ricercatori, fisici di livello mondiale ma incapaci di assumere direzione politica. Fuori dalle professioni questa borghesia pare sorda, ha perso il gusto delle conversazioni, va ai concerti, va a sciare, va in barca, va dove non si discute ma si scambiano luoghi comuni, status symbol, certezze conformiste su come si mangia, si fa l'amore, si trascorrono le vacanze, si insegue l'eterna giovinezza. «Viaggiamo su una macchina così veloce» osservava Montale «che abbiamo l'impressione di essere fermi.» Non ci rendiamo conto del mutamento, ci scivoliamo dentro come su un piano inclinato. È progresso questo? Diceva ancora Montale: «Quale progresso? Nessuno ne sa nulla».

C'è un gran discutere di localismo, di leghe, ma nessuno si occupa di un'altra grande differenza che cresce fra l'Italia delle metropoli e quelle della provincia, una differenza di democrazia, che è una cosa se sei ancora qualcuno in mezzo a gente che conosci e un'altra se stai fra un mare di sconosciuti, una cosa se vivi in città ancora a misura d'uomo e un'altra se in città invivibili.

Nella rapida mutazione molte parole non hanno più significato o ne hanno uno diverso dalla comune accezione. Continueremo a dire che siamo poveri quando il settantasei per cento delle famiglie vive in case di proprietà e c'è un'automobile per famiglia? Ce la faremo ad uscire da questa galleria degli incanti e degli orrori? Riusciremo a tornare, almeno in parte, uomini rinascimentali, padroni delle città, delle arti, delle scienze? Riusciremo a vincere l'ossessione di fare e di fare sempre più velocemente, negli affari come nello sport, dove nel calcio il pressing aggressivo ha distrutto il bel gioco?

Gli stranieri che si occupano dell'Italia giungono spesso alla conclusione che il nostro è un paese incomprensibile. Ci era arrivato a suo modo anche il Mussolini, che diceva: «Governare gli italiani non è impossibile, è inutile». In secoli di dominazioni straniere e di invasioni siamo riusciti a mettere fra noi e la realtà tutta una serie di schermi protettivi, devianti, ingannevoli. Fingere di credere, per esempio, in ciò in cui non crediamo e che spesso detestiamo, presupposto del ricorrente voltar gabbana; professare delle fedi così lontane dai nostri reali desideri che ne risulta *ipso facto* un'altra cosa: il cattolicesimo clericale rispetto al cristianesimo, la «via italiana al socialismo» che al socialismo non arriva mai, il liberismo tutto foderato di protezionismo, il fascismo mammista e familista. Per collocare poi sotto la cupola di queste fedi né condivise né desiderate il nostro reale desiderio di una disciplina lassista, di uno stato che non impedisce le consuetudini e le feste comandate.

Per quasi mezzo secolo milioni di italiani si sono definiti comunisti, intendendo per comunismo un capitalismo gestito da loro o per loro conto, che spartiva quasi tutto con la Democrazia cristiana, cooperative rosse contro cooperative bianche, facoltà universitarie umanistiche contro facoltà scientifiche, Editori Riuniti ed Einaudi contro La Morcelliana e le Paoline, sezioni contro parrocchie. Nella sua applicazione pratica il comunismo emiliano, toscano, umbro, il vero blocco comunista, è stato il comunismo dei padroncini e dei mezzadri, dei burocrati municipali o di federazione e dei dirigenti di cooperative. Non il comunismo collettivista e non il capitalismo di rischio, ma l'ibrido corporativo e protezionista già sperimentato dal fascismo.

Ho conosciuto nella guerra partigiana e poi in seguito molti comunisti. Ce ne erano di tutti i tipi: i mistici, i tetragoni circondati da un fascino quasi religioso, i burocrati, quelli del partito «nuovo», letterati e borghesi, gli operai, ma un imprenditore di Carpi un giorno mise le carte in tavola e li invitò a vedere cosa era il comunismo reale. Sembrò, e forse era, una grossolanità reazionaria, ma coglieva nel segno. Fu proprio in quegli anni che al termine di una visita nell'URSS salii su un aereo assieme a una delegazione di comunisti italiani. Quando l'aereo decollò ci fu, come per uno scampato pericolo, uno spontaneo, fortissimo applauso. Anche i comunisti di acciaio, i comunisti con le «mani callose», che poi erano intellettuali mai stati in una fabbrica come Pietro Secchia, Luigi Longo, Palmiro Togliatti, Mauro Scoccimarro, Umberto Terracini e Camilla Ravera, avevano un solo incubo: tornare nell'incubo del socialismo sovietico. Palmiro Togliatti, segretario del partito, visse ore di disperazione a Mosca quando Stalin lo trattenne proponendogli di dirigere da Praga il Cominform, sostituto del Comintern, organo direttivo del comunismo internazionale.

Sembravano dei comunisti convinti, a loro modo lo erano, ma il fatto che nessuno, proprio nessuno desiderasse vivere nel paese dove il comunismo reale si era incarnato nella forma autoritaria che ha assunto dovunque è stato al potere, la dice lunga sul comunismo all'italiana. E qui forse sta la spiegazione del misterioso passaggio dal PCI al PDS, unico caso al mondo di un partito che sopravvive al crollo del suo modello, della sua ideologia, della sua storia. La spiegazione è che come pseudopartito comunista e rivoluzionario poteva diventare un partito socialdemocratico, salvo conservare alcuni vizi di origine come il verticismo. Del resto, avremmo dovuto capirlo dalla rapidità con cui nell'immediato dopoguerra i fascisti di regime, non i veri fascisti, si divisero fra quanti cercavano riparo sotto il mantello della chiesa e quanti sotto quello del Partito comunista, uniti nell'avversione contro i partiti di libertà e di opinione. Parlando di Ferruccio Parri, il primo presidente del Consiglio dell'Italia libera, Togliatti diceva: un coglione.

La verità nuda e cruda è che la democrazia italiana si è fondata su due partiti antidemocratici, e che è consistita soprattutto nei loro equilibri, nei loro automatici contrappesi. Cattolicamente professiamo i dogmi mentre pratichiamo le indulgenze e ci avviamo all'ennesimo Giubileo, preferiamo il melodramma al dramma, l'indefinibile al definito. A scorrere la bibliografia dedicata al carattere degli italiani si scopre che sono tutto e il contrario di tutto, in una partita perenne per sfuggire alle scelte senza ritorno.

Cattivi soldati, dicono di noi, ma cattivi soldati vuol dire comunque e sempre cattivi uomini? Le sconfitte risorgimentali, Caporetto, il tutti a casa dell'8 settembre del '43 non erano forse una diffusa voglia di vivere anziché di morire? Voglia di dire finalmente no alla sanguinosa follia delle guerre? Perché gli italiani di oggi non hanno raccolto l'eredità militare romana? Viene un dubbio: i buoni eserciti, i soldati valorosi sono quelli che hanno le armi migliori e nemici deboli. Per secoli i romani hanno combattuto contro nessuno, contro nemici che non avevano arte militare, disciplina. Quando trovarono uno come Annibale, che ne era dotato, le presero per sedici anni. L'irresistibile esercito di Napoleone aveva le migliori artiglierie, non combatteva in file allargate destinate alla strage, praticava la guerra di movimento contro eserciti abituati a scontri frontali, ma quando trovò in Kutuzov un maestro del movimento fu duramente battuto; l'invincibile flotta inglese ha vinto finché ha avuto una decisa superiorità nelle artiglierie e nell'addestramento marinaro, poi ha ceduto l'egemonia agli americani.

Nel 1943 ero ufficiale degli alpini, i miei soldati montanari del cuneese erano tradizionalmente fra i migliori in Italia, ma sapevano benissimo di essere male equipaggiati e male armati, e per questo non avevano alcuna voglia di fare la guerra. Ma la non voglia di combattere era qualcosa di più profondo, era la convinzione che morire in guerra era un terribile scherzo della sorte. La guerra partigiana fu vissuta e combattuta come una dura necessità, il combattere dei tedeschi fino all'ultimo uomo, fino all'ultimo bunker di Berlino ci sembrò una metafisica stolidezza.

Gli italiani volevano vivere. L'anormalità degli italiani è di rifiutare luoghi comuni feroci contro la vita come: «Meglio vivere un giorno da leone che cento da pecora». Non lo avevano scritto su una casa diroccata del Piave i diciottenni mandati al fronte ma i propagandisti dello stato maggiore.

Abbiamo combattuto nei venti mesi della guerra partigiana come una dura necessità, con un crescente rancore verso il tedesco e il fascista che ci costringevano a combatterla, ma quella era legittima difesa, guerra contro un occupante.

L'italiano non ama la gerarchia. Una delle poche cose che apprezza della democrazia è il declino del notabile, del «lei non sa chi sono io». Nessuno da noi ha più il coraggio di comportarsi da notabile, Berlusconi che lo è premette un democratico «mi consenta». Lo è anche D'Alema, ma ogni tanto presenta le sue scuse.

David Bidussa nel *Mito del bravo italiano* dice che l'Italia del dopoguerra ha prodotto due nuove maschere: il Cipputi di Altan e il Fantozzi di Paolo Villaggio. Cipputi il superstite della classe operaia fordista, saggio ma disilluso, e Fantozzi il piccolo impiegato che sopravvive. Fantozzi è la prima maschera italiana a fare a meno dei vizi canonici della nazione, la furbizia, la volgarità, la burbanza. Fantozzi non ha nulla in comune con l'ipocrita bontà di De Rossi e con la cattiveria invincibile di un Franti, è lontano da De Amicis come da Collodi, dai sentimenti esemplari del primo come dallo scetticismo toscano del secondo. È la prima maschera dell'umiltà invincibile, dello sconfitto che non perde, è la goffaggine aggraziata, la bruttezza gentile. Nelle sue sventure ci sarà una punta di masochismo, nel suo piegarsi alle prepotenze dei forti e dei ricchi ci sarà una punta di rancore, ma nella sua lunga, indomita resistenza alla brutta gente e alla brutta vita, ai direttori megagalattici e ai ragionieri gallisti e vili, alla brutta moglie e alla figlia spaventapasseri, alla nuvola dell'impiegato che gli nega ogni vacanza e alle piscine vuote in cui si tuffa c'è una voglia di cogliere un momento di felicità, di sopravvivere nel labirinto.

Un giorno nella Stazione Centrale di Milano mi è capitato di seguire da vicino Milena Vukotic, l'attrice che fa la moglie di Fantozzi, la signora Pina. Camminava tra ferrovieri, gente qualsiasi, facchini che la riconoscevano e la salutavano con simpatia: «Buongiorno signora Pina». E lei rispondeva gentilmente. Fantozzi ci ricorda che essere italiani non è facile: dietro i nostri luoghi comuni non c'è una credenza cieca ma dubbi, noi non crediamo come i tedeschi al *Deutschland über alles* e come gli inglesi al *Right or wrong my country*, la nostra storia non è stata rettilinea, è una storia di escursioni troppo forti.

Di fronte a queste memorie nevrotizzanti, di fronte a questa anormalità permanente e destabilizzante ci sono italiani che emigrano in casa. Non è che prendano beni e famiglia e se ne vadano in altri paesi, no, stanno sempre qui, ma è come se fossero in Guatemala o in Australia, vivono qui come se i difetti e le virtù degli italiani non li riguardassero più.

Dietro la fissità delle maschere italiane c'è un'umanità indecifrabile, sorprendente. Durante la guerra partigiana ho capito di aver capito poco o nulla dei miei compaesani: gli stessi che in tempo di pace si sarebbero feriti a morte, dilaniati, per il possesso di un prato o di poche lire si lasciavano bruciare le case senza tradirci, ci ospitavano a rischio della vita. A questa umanità mutevole, imprendibile manca una sola cosa: l'ironia. Non c'è ironia in nessuna delle nostre culture regionali. Forse ne abbiamo viste troppe per sorriderci su. I nostri moralisti non sono ironici, ma predicatori e sarcastici. Chi prova a fare dell'ironia in questo paese, chi non chiede di ridere ma di sorridere si sente circondato dalla diffidenza: cosa vuole questo che non è melodrammatico, che non pratica il pianto greco? a che gioco gioca? Neppure l'autoironia da noi è bene accolta, appare un insopportabile orgoglio. Semmai ci va bene la beffa tendente alla crudeltà, intere regioni, come la Romagna, la praticano come uno sport nazionale. Ma come può un italiano separarsi dall'italianità, come dissociarsi dagli italiani se la nostra anormalità è la nostra costituzione fisica e mentale, passa per tutte le nostre fibre, per il nostro sistema nervoso, per il sangue e per le memorie di questo grande e piccolo popolo, fedele e infido, coraggioso e vile, antico e nuovo?

«Italiani strana gente»
di Giorgio Bocca
Oscar Bestsellers
Arnoldo Mondadori Editore S.p.A.

Questo volume è stato stampato
presso Arnoldo Mondadori Editore S.p.A
Stabilimento Nuova Stampa - Cles (TN)
Stampato in Italia - Printed in Italy